JN041737

時は今——　歩み続けるその先へ

高岩成二

ACTion

著　高岩成二

「スーパー戦隊」の時代

高岩成二激戦記〈1〉

後楽園ゆうえんちの野外劇場を経て、1992年にドラゴンレンジャーを演じる。1994年には主役のニンジャレッドを担当し、「スーパー戦隊」の主力になる。

「メタルヒーロー」の時代

高岩成二激戦記〈2〉

「スーパー戦隊」と入れ替わりで、「メタルヒーロー」のビーファイターのアクションを担当。そして、1996年は『ビーファイターカブト』にて3キャラクターを担当。

「平成仮面ライダー」の時代

2001年に仮面ライダーアギトを担当。リアリティのある演技に目覚めていた高岩は、キャラクターの個性の創造に邁進、以降、「平成仮面ライダー」の中心的人物と認識される。

そして令和へ……

英雄役

高校時代にJACに飛び込んで30年以上、数多くのキャラクターヒーローを演じた高岩成二。その表現力と相まって名実ともに「平成仮面ライダー」の顔と呼ばれるいま、高岩の姿から、その歴史を読み取ることができる。

Q&A 23

高岩さんのプライベートの質問を
リラックスしながらお答えいただきました。

Q1 小さい頃の夢は？

最初に夢として口にしたのはのは野球選手ですね、父がコーチをしていたので。その後は体育の先生やスタントマンになっていきましたね。

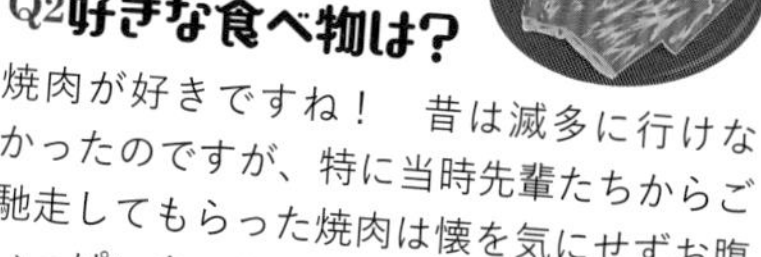

Q2 好きな食べ物は？

焼肉が好きですね！　昔は滅多に行けなかったのですが、特に当時先輩たちからご馳走してもらった焼肉は懐を気にせずお腹いっぱい食べられたのが今でも忘れられません。(答え：奢ってもらう焼肉が好き)

Q3 普段どんな食事をしている？

最近は家族全員が忙しくなってしまい、なかなか自宅でゆっくり食べることができなくて、外食が増えてますね。40代前半まではなんでも食べられましたが、偏りがないように気を付け始めたのは40代後半です。特に外食は見た目に釣られないように気をつけてます！（昔は脂っこいものもたくさん食べられたのになあ……）外食だと好きなものばっかりになってしまいがちですが、なんとか気持ちを抑えて、肉いきたいけどあえて魚に変更したりして、ちょっと気を使ってます。

Q4 好きな映画は？

三谷幸喜監督の作品がとても好きですね。また最近洋画を見る機会が減ってしまったのですが、もう一回じっくり見たいのは『ダイ・ハード』の初期作品です。あの作品のテロリストのリーダー（英俳優アラン・リックマン）は今でも印象に残って、大好きな俳優さんの一人です。

Q5 憧れの人は？

真田広之さんはもうずーっとです。もちろん他にもたくさん素敵な俳優さんがいますが、ここ10年で、すごく好きになったのは中井貴一さんと役所広司さんです。演技の幅がものすごく、シリアスな役柄からコメディな演技まで、本当に尊敬してますし素敵です。

Q6休みの日は何してる？

現場が動いている時は、きっちりスケジュールが組まれていたので、空いた時間に家のことをやれたですが、最近はあまり休みがとれていないんですよ。それなので、休日は一気に家の用事を済ませる日にしています。2日間休みがあったら、あえてダラダラ〜っとしたいですが、その後5日間休みがあったら温泉に行きたいです。山方面が好きなので森林浴を兼ねて。

Q7好きな場所は？

真っ先に浮かんだのは……トイレです……。現実から離れられるというか…(笑)それとは別に、やはり静かな露天風呂ですね。気に入っているのは箱根の温泉かな。昔は現場で動いている時はスタッフのみんなといろいろな場所で一緒に入ることもありました。楽しいですよね。

Q8奥さんとの出会いは？

僕がJACの養成所の時に、後楽園ゆうえんちのヒーローショーに出ていたのが最初です。養成所は俳優クラスとスタントマンクラスがあって、妻はスタントマンクラス。鍛え上げられた人が多い中で、可愛かったし、スタイルいいなって思ってました。メインスタントマンになる人だなってみていたんですよ。

Q9座右の銘はありますか？

「我為す事　我のみぞ知る」坂本龍馬の言葉ですかね。周りに理解されなくても自分だけは知っている　この言葉とか、高杉晋作の「おもしろきこともなき世をおもしろく」は心に残ってますね。幕末で国を変えていけた熱量にとても感銘を受けますね。

Q10トレーニング方法は？

筋トレも大切ですが、アクションスタイルのイメージトレーニングはとても大切です。こちらは日々常に考えています。トレーニングで思い出すのは、仮面ライダーウィザードの時。マントをクルクル回転させる演技があり、クランクイン3ヵ月前から息子が習っている中国武術を取り入れてみっちりやりましたね。

スーツアクターになるためにどんなトレーニングがいいですか？

という質問をよく受けますが、僕自身はこういう筋トレをしなきゃいけないっていうのは特に決めていません。ただ、スタントマンや役者を目指している人は、自分で学習し、映像を見たりして、必要だと思われる最低限の筋力と体の柔軟性は持っていた方がいいですね。体を資本にするお仕事の事前準備のような感じでしょうか。「こうなりたい！」や「こうしたい！」のイメージを自分の中で体現し、何度も携帯の動画で確認したりしながら理想に近づけていくのが大切かな、と思います。

Q11こだわりのマイルールは？

よくぞ聞いてくれました。これ、実はあるんですよ。僕、「靴は必ず左足から履く」んです。これだけは僕の中で譲れない大事な儀式なんです。気づいた時にはこれがマイルールになっていて、最大のげん担ぎであり、ルーティンですね。聞いた話だと、歌舞伎役者さんがそうだったかと……。

Q12リフレッシュ方法は？

やっぱり「風呂」ですね。気分転換にベストですからね。

Q13今注目している人は？

注目というか、楽しみなのは、息子二人です。長男は声優として、次男はアクターとして頑張っています……手前味噌ですいません。

Q14最近ハマっていることは？

声優さんですかね。改めてすごいなっと。口と声の演技で見てる人をグッとその世界に引き込むのは本当にすごいことですよね。役者は全身を使った表現を見てもらうことができますが、声優さんは声色でその情景や人物像をイメージさせ、感情も宿らせることができるすごい職業だなと思います。

Q15戦隊の女性役を演じるとしたら？

メガピンクとマジピンクですかね。女の子なんだけど面白キャラ、素っ頓狂な役柄が素敵だなと思うんですよ。少しひょうきんなところがいいんです。

Q16もう一度演じたいヒーローは？

カクレンジャーのニンジャレッド！『ニンニンジャー』でニンジャレッドを演じましたが、歳月がたって、当然風格も変わりました。先輩としてもう一度、アカニンジャーといっしょにやってみたいなと思いますね。

Q17一番印象に残っているシーンは？

電王のモモタロスと佐藤健くんのお芝居ですね。最終回間近の話のシーンで、お互い思ってることは一緒なんだけど、そこに向かう方向性が違うので喧嘩になっちゃうんです。ただ最後には二人とも分かりあって、仲間の元に戻るというくだりですね（柴崎監督や声優の関さんとの話は本編参照）。スーツアクターが役者としてのお芝居（モモタロスですが）を本気でできたのは、嬉しいですし、この時すごく感情が震えました。後にも先にもそういったプレイヤーはいないんじゃないかな。自分の大きな糧となりましたね。

Q18撮影中最大のピンチだったことは？

やっぱり龍騎の時の膝の怪我ですねえ……。膝の故障は辛いです。全力疾走ができないし、動きに制約が出ちゃうから……。寒いと痛いんですよ……。

Q19一番きつかった撮影は？

体温調整がきかない夏の撮影は、脱水症状や熱中症を起こしてるとは思うんですけど、演技に熱中していると、その時はやり切ってしまうんです。気が張ってますから……。その後はフラフラですけど……。555の夏はすごかったです。「これ、本当にカメラOK出てるの？」っていうくらい、暑すぎてわからなくなって、家に帰っても立っていられなくなりましたね。

若手に言いたいのは、「自分をPRするために無理して頑張りすぎない」ということです。昔は根性論的な部分が多かったですが、今の時代は違います。『さらば電王』の長回しで倒れちゃってから、僕も考えましたし、スタッフも考えてくれるようになりました。現場も今は変わっていますので。

Q20ライダーとキメポーズ

求められるのは、「カブト」が多いですね、僕も好きです。もう一つは「W」です。「お前の罪を数えろ」はマニアの皆さん含め、多くの人から求められます。世界観も素敵なので、お気に入りです。

Q21素面とアクターの演技の違いは？

根底は変わらないですね。アクターは自分の顔の上にマスクが1枚覆われていますよね。ここで喜怒哀楽を表現するので、多少の違いはあります。経験から言うと、スーツアクターは「間」の取り方に一つの演技の違いがあるのかなと思います。例えば、呼ばれて振り向くシーンがあったとします。その時に相手が怒っているのか、ただ普通に呼ばれたのか、その心情によって、意識しながら振り向くスピード、タイミングの「間」を常に意識しています。

Q22演じてみたい役は？

年齢もいってきたので、父親役とか、喫茶店の店主とか、いいなあと思いますが、実はなんでもやってみたいんです、年相応の役は特にですけどね。

Q23もしうまれ変わったら？

なんでですかねえ、やっぱり役者業がやりたいんですよ!!

多分、これしかないんじゃないかなあって思ってます。

家族から見た高岩成二

17歳で知り合い、一緒にいるから見えてくる、奥様からのヒトコトです。

高岩利恵（RIE TAKAIWA）
旧姓（村上利恵）
スーツアクトレス

［出演］
五星戦隊ダイレンジャー（ホウオウレンジャー）
忍者戦隊カクレンジャー（ニンジャホワイト）
超力戦隊オーレンジャー（オーピンク）
中国拳法が得意
1998年結婚、引退。現在はTEAM☆T.A.W WIDEN代表

奥様から見た高岩成二とは（演者として、父として）

我が家には二人の高岩成二がいる感じですね。演者としての高岩は私自身も認める役者だと思っております。父としては、皆さんが想像されている以上に当時の仕事のスケジュールはなかなかハードで（笑）、特に電王あたりからは映画も含め時間との闘いでもありました。このため子どもたちと一緒にいる時間をどうやって作るかを母親としては考えましたね。今では少し落ち着いて、良い父として家を守ってくれています。

高岩成二に初めて会った時の印象は？

正直にお話ししますと、お互い最初は後楽園の野外劇場で知り合いまして、先輩後輩なので（奥様は養成所の先輩）、恋愛対象とかではなかったですね（笑）。ただ役者としての素質は感じていました。役者さんの多くは「下積み」と呼ばれる期間を経るのが一般的なのですが、本人は当時いきなり「役」から入っていますので、選ばれる「何か」があったんだなという印象です。

思い出のデートの場所は？

仲間同士の移動が多かったので、カクレンジャーの時ですかねえ、スタッフさんの結婚式のお手伝いから一緒にいることが多くなって、私は大阪出身なので、旅行へ行っていましたね。

高岩家の雑感

親子でたくさん会話をします。昔から家族は仲がよく、今では二人の息子も中国武術や声優さんに興味を持ち、自然にそちらの道を歩いていくようになりました。

Timberland
B'z
FLATIRON
NY
635
絶対零度
高岩 成二 様

from my album

my favorite phrase

我為す事我のみぞ知る

人の声に左右されず

誰かの為…

自分の為に…

髙岩成二

「時は今」＝高校の時の体操部の顧問の先生が言っていた言葉で、ふとしたときや、わりと真剣に考えるとこの言葉が頭の中に浮かぶんですよね。とても好きな言葉ですね。

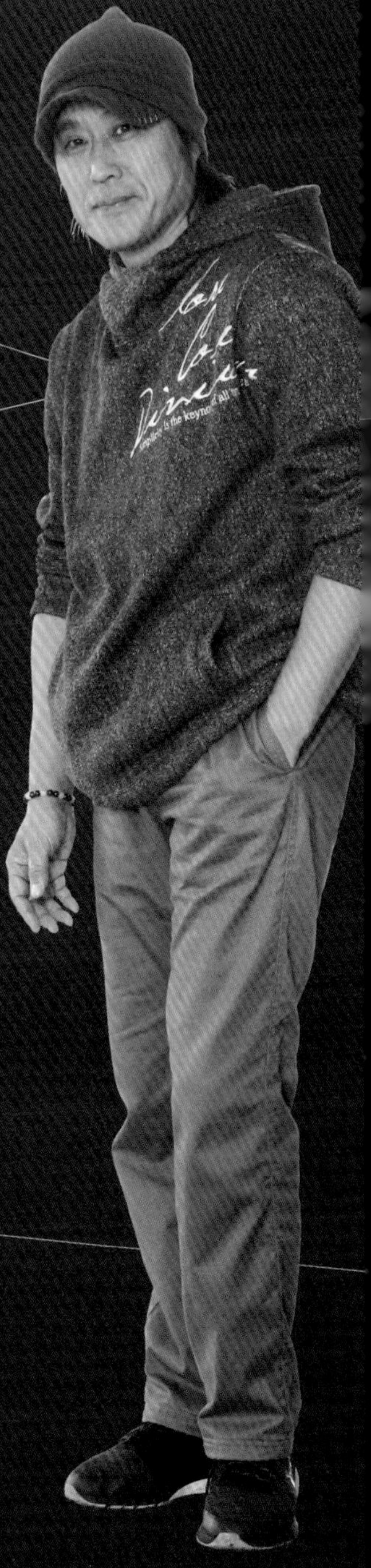

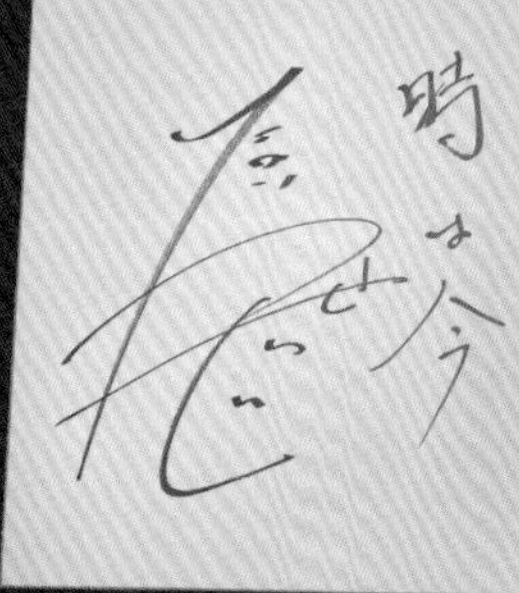

サインが平仮名の理由は、漢字だと「高岩」の部分が画数が多く、バランスが難しいんですよね、とのお答え。

Seiji's data

Front
頭周り
58cm
帽子 キャップは好きで30個ほど持ってます。
首周り
40cm
腕周り
36cm
バスト
107cm
腕の長さ
59cm
ウエスト
88cm
ヒップ
104cm
腿周り
52cm
体形
暴飲暴食注意！…出来ればいいんですけどねえ。
ふくらはぎ周り
38cm
足首周り
24cm
靴のサイズ
26.5cm
Right side
服へのこだわり①
デザインがチカチカするものではなく、ワンポイントが入ってる程度のものを好みます。
Left side
服へのこだわり②
昔は一度ピンクなど、かなり派手な回路線に走りましたけど、無理でした。でも派手なピンクはとあるライダーで纏うことに…(笑)
Back
時計やブレスレッド
装飾物は習慣づかないので、あまりつけないんですよ
この日は装着！
パンツ
下半身は細いと言われることが多いんです。パンツも既製のものがスンナリと履けます。
財布
お気に入りの黒革財布。使い込んでますが、いい風合いになってすごく大切にしています。

第0章

高岩成二

たかいわせいじ

高岩成二は、真の意味で東映ヒーローに命を与え続けてきたアクション俳優であり、長きにわたって仮面ライダーを代表とするヒーローたちに個性を与え続けてきた不世出の役者でもある。アクションという技術を基礎から身につけ、多くの技法を経験して習得、そこに演技を融合させてキャラクターに色を与えていく作業の地平は、おそらく芝居の最終局面と同じものであろう。30年以上の月日をヒーローの表現に充てた人生、それはいかなるものなのか？　本書は２０１９年9月より数回にわたって高岩成二に取材を敢行、延べ12時間ものその内容を確認・整理・編纂したものである。ヒーローを成立させる諸要素のなかでも重要なパートであるキャラクターアクションという観点からキャラクターを総覧し、高岩成二というフィルターでその魅力に迫る。そこからは、「平成」という時代が織り成したキャラクター文化の一面が確認できるであろうし、ヒーローとは何かという本質論にまで切り込めるであろう。なぜ、ヒーローはヒーローたるのか？　ヒーローそのものを突き詰めるかのような究極の問いへの答えを、本書において確認できるかもしれない。

[PROFILE]

1968年11月3日生まれ、身長は175cm。高校生活と並行してジャパン・アクションクラブ（JAC）の16期生として養成所に入所し、1987年から後楽園ゆうえんち（当時）の野外劇場で開催されていたヒーローショーのキャラクターアクションを担当、1992年より東映が制作するヒーロードラマのキャラクターアクションを務めることになった。その後、1994年に『忍者戦隊カクレンジャー』にて初めての主人公ヒーローとなるニンジャレッドを演じ、1995年の『重甲ビーファイター』では主役ヒーローのブルービートのアクション用スーツを担当、以降、毎年東映が制作するドラマでヒーローを担当するようになる。

1991年、JACは日光江戸村の関連会社になるが、1996年11月に金田 治と西本良治郎が中心となり新生JACが設立され大新東グループから独立、2001年4月にはJAEと名称が変更された。高岩はそれに先駆けて2001年1月から放送が始まっていた『仮面ライダーアギト』にて主人公のアギトを担当するようになっていたが、その組織改編に応じてJAEに所属する俳優となり、以降、いわゆる「平成仮面ライダー」において主人公の仮面ライダーを演じることになる。そして2002年の『仮面ライダー龍騎』や2003年の『仮面ライダー555』から、そのアクションだけではなく、リアリティのある演技や説得力のある表現に注目が集まるようになり、やがてキャラクターヒーローの演者の代表格として認識されるようになっていく。その後は唯一、2005年の『仮面ライダー響鬼』には参加しておらず、同年は『魔法戦隊マジレンジャー』にてマジレッドを担当、2006年から再び「仮面ライダー」に戻り、2018年に放送を開始した『仮面ライダージオウ』まで長きにわたりマスクの主人公を演じきっている。その後、2019年の『仮面ライダーゼロワン』では敵のキャラクター、仮面ライダー滅を演じ、現在は後進の育成にその軸足を移しつつある。

第一章 少年時代～幼稚園児から高校生～JAC養成所

特撮ヒーロー好きとアクション志向の萌芽？

自分が小さい頃はどんな少年だったかとか、親から詳しいことを聞いたりはしていません。兄は「数馬（かずま）」っていうんですけど、漢字で見てもカッコいい名前ですよね。お寺の住職さんにつけてもらったそうなんです。それで、僕の「成二」は親父の名前、「成吉（まさよし）」から1字もらって、2番目に生まれたから「二」をつけたという、きわめて安直なもので(笑)。長男の時は力が入ったけど、次男坊については親も慣れてしまい、けっこうサラッと決まったわけです(笑)。残っている写真も、兄貴のほうが文句なくたくさんありますよ。僕は記憶にある限りではやんちゃな少年でしたね。

僕は1968年生まれですから、幼稚園時代は1973～1974年ということになり、実写ヒーローがいっぱい放送されていた頃ですよね。再放送でも観ていたんだと思いますが、お気に入りは、やはり『仮面ライダー』[※1]で、続いてが『スペクトルマン』[※2]や『快傑（かいけつ）ライオン丸（まる）』[※3]でした。そういったヒーロー番組の主題歌が集められているレコードを買ってもらっていて、

※1
『仮面ライダー』

1971年4月3日～1973年2月10日、NET系で放送。本郷猛＝仮面ライダー1号と一文字隼人＝仮面ライダー2号がショッカーの怪人達と戦う。仮面ライダーシリーズ第1作。

※2
『スペクトルマン』

1971年1月2日～1972年3月25日、フジテレビ系で放送。宇宙猿人ゴリの怪獣と戦うネヴュラの星のサイボーグ、蒲生譲二＝スペクトルマンの活躍を描く。

※3
『快傑ライオン丸』

1972年4月1日～1973年4月7日、フジテレビ系で放送。戦国時代、忍法獅子変化でライオン丸に変身する獅子丸が、大魔王ゴースンの魔人と戦う。

※脚注は編集部によるものです。

家に帰るとそれで主題歌を聴くか、テレビを観るかでしたね。

　兄は3歳上でしたから、おもちゃにしても、僕より上級のものを買ってもらえる。これは弟の宿命みたいなもので、兄がDXだと弟はスタンダードになるわけです。お祭りでよく売っているお面を——なぜかお面を僕はあまり買ってもらえないんですけど——兄はけっこう買ってもらえるんです。スペクトルマンのお面がとてもうらやましかったんですけど、貸してもらえなかったことを恨みがましく覚えていますよ(笑)。小学校1年生の時ですね。『[※4](秘密戦隊)ゴレンジャー』のポピニカ[※5]がどうしても欲しくて、親にねだりました。本当に、絵に描いたようにおもちゃ屋さんで駄々をこね、床に寝っ転がって(笑)。「じゃあ、1つだけね」っていうことになり、ゴレンジャーマシーンから1つを買ってもらいました。アカレンジャーのバイクとサイドカーが2台で計3種ありましたけど、アオレンジャーのサイドカーを買ってもらったような気がします。その時は兄もいたんですが、兄の手にはしっかりと大物のバリブルーンがあったんですよね(笑)。一瞬、「あれっ」とは思いましたけどそこは子供なので、深くは詮索せず、一緒に遊びました。

　近所の友人たちと、定番のヒーローごっこもやっていますね。僕が気に入ってなりきっていたのは、仮面ライダーとライオン丸でした。仮面ライダーは、なぜか一文字隼人（いちもんじはやと）の2号ライダーだったんです。[※6]藤岡弘（ふじおかひろし）、さんが演じた本郷猛（ほんごうたけし）が変身する1号ライダーの記憶があまりなく、2号として遊んでいたんですね。天馬が出てくるインパクトが強かったライオン丸は白い[※7]ほうをイメージしていて、刀の鍔が外れて「忍法獅子変化（へんげ）！」に流れていく変身がものすごく

※4
『秘密戦隊ゴレンジャー』

1975年4月5日～1977年3月26日、NET系で放送。イーグル日本ブロックの生き残り、アカレンジャー、アオレンジャー、ミドレンジャー、キレンジャー、モモレンジャーの5人が、黒十字軍の怪人と戦うスーパー戦隊シリーズ第1作。

※5
ポピニカ
ポピーから発売されていたキャラクター玩具のシリーズ。1972年の『仮面ライダー』のミニミニサイクロン号が第1号だが、ポピニカの名称は1973年以降。

※6
藤岡　弘、
俳優。1946年生まれ。デビュー作は映画『アンコ椿は恋の花』、初主演作は『若いしぶき』(ともに1965年公開)。代表作は『野獣狩り』『日本沈没』(ともに1973年公開)など。

印象的でした。ポーズもカッコよかったんで、獅子丸（ししまる）のところからしょっちゅうやっていました。ライオン丸の武器って、ただの刀じゃないですか。きらびやかなものではなく、普通の日本刀です。それがよかったんですかね。もしかするとその頃から、剣劇のようなものへの興味があったのかもしれません。もちろん、『ウルトラマン』[※8]系列も観ていたんですよ。『ジャイアントロボ』[※9]や『(スーパーロボット)マッハバロン』[※10]といった、巨大ロボットジャンルも。特撮系の番組は、たいがい観ていたと思います。でも剣戟とか殺陣（たて）がよかったんですかね、どうしても等身大の番組のほうに魅かれていたような気がします。

自宅では祖父にべったりの少年で、祖父の部屋に入り浸っていたんです。居間にあるテレビのチャンネル権は親父にあって、野球中継なんかと被るときは、祖父の部屋のテレビで観たい番組を観ていました。いつの間にか、その祖父の部屋で、逆立ちをやるようになっていました。不思議なんですけど、誰かに教わったりしたわけでもないのに、ある日急にやりだしていたんです。もしかすると、その頃に観た番組へのあこがれみたいなものが、僕のアクションへの志向や考え方の出発点になったのかもしれません。もともとアクションには敏感なところがあったうえに、『燃えよドラゴン』[※11]なども大ブームになっていましたから、駄菓子屋で売っていたおもちゃのヌンチャクなんかも回していた記憶があります。

※7
白いほう
ライオン丸シリーズ第1作『快傑ライオン丸』のライオン丸。第2作『風雲ライオン丸』（1973年）では茶色。

※8
『ウルトラマン』

1966年7月17日～1967年4月9日、TBS系で放送。科学特捜隊のハヤタ隊員がウルトラマンに変身、次々と出現する怪獣や宇宙人と戦う。ウルトラマンシリーズ第1作。

※9
『ジャイアントロボ』

1967年10月11日～1968年4月1日、NET系で放送。草間大作のジャイアントロボがBF団の怪獣と戦う。

※10
『スーパーロボット マッハバロン』

1974年10月7日～1975年3月31日、日本テレビ系で放送。マッハバロンが悪のロボット軍団と戦う。

小学生時代にスタントを知る

小学校に入り、まだ低学年の1年生か2年生の頃、家の近所で兄貴と一緒に剣道を習うようになりました。特に武道に憧れがあったとか、そういうことはなかったので熱心な少年ではなかったかもしれません。兄が剣道を習っていたので、つられて習ってみたというところですね。そんな程度ですから、段は取れずじまいでしたけど、剣道の知識が一通り身についたことは、後の役に立っていると思います。

アクションスターと言えば、千葉真一※12さんが第一人者でしたけど、僕はどちらかというと倉田保昭※13さんでした。幼稚園の頃に観た『闘え！ドラゴン』※14が大きくて、千葉さんより先に倉田さんが刷り込まれていたんですね。タイミングが合えば、倉田プロモーションに入っていた可能性だってないとはいえません。武道や格闘技には興味がなかったけれど、アクションへの興味が強くなっていったのは間違いなく、その後、3年生か4年生の頃、作文で将来なりたいものを書くというお題があり、それで体育の先生かスタントマンになりたいと書いているんです。スタントマンという職業があることはその頃に知り、概念は、簡単にですけど理解していたと思います。映画やテレビで飛び降りたり戦ったり、危険なことをする職業であると。それで、中学生の時ですかね。東映映画の『忍者武芸帖　百地三太夫』※15のCMをテレビで観たんです。主演は真田広之※16さんで、「この人、カッコいいな」と思って、友達と渋谷だったか有楽町

※11
『燃えよドラゴン』
1973年公開。監督・ロバート・クローズ。リー（ブルース・リー）が麻薬工場のオーナーと格闘家たちを打ち倒す。日本中にカンフーブームを巻き起こした。

※12
千葉真一
俳優。1939年生まれ。デビュー作・ドラマ『新 七色仮面』（1960年）に主演。代表作は映画『殺人拳』シリーズ（1974年～1976年公開）、『柳生一族の陰謀』（1978年公開）、『戦国自衛隊』（1979年公開）、ドラマ『キイハンター』（1968年～1973年）など。

だったかで『百地三太夫』を観たんです。『宇宙からのメッセージ』[※17]については知りませんでしたので(笑)、そこで真田さんを知ったわけです。

中学時代、JACと出会う

中学生になったら粋がってなのか、遊ぶときは野郎だけでと決めていました。それで2年生の時に今でも付き合いがある原口(はらぐち)(雅之(まさゆき))という男(本書アートディレクター)と知り合い、たちまち意気投合したんです。彼は山岳部だったので――山岳部には入りませんでしたけど――プライベートで原口たちと登山をするようになりました。学校の休み時間に計画を立てて、白馬山や高尾山に10㎞ほどのコースを設定し、2~3回は登っていますね。学校では女子と話したりはしますが、一歩外へ出ると男だけで行動して、映画を観たり友人宅におじゃましたり。毎日、夜の6時くらいまでは遊んでいて、勉強はビックリするほどしませんでしたね(笑)。通知表を倒して斜めに見てみると、数字が1本の線につながったことがありました(笑)。さすがに両親に怒られ、夏休みに追試を受けていています。

JACという文字を初めて見たのは、おそらく『百地三太夫』の時で、「ジェイエーシー」と読んでいました(笑)。それが「ジャック」であり、アクションチームであることを知ったのは、13歳か14歳の頃でしたね。広之さんの映画は『キャノンボール』[※18]や『汚れた英雄』[※19]といった作品と並行して観ていて、『伊賀忍法帖』[※20]での広之さんの印象はとにかく強かった。千葉さ

※13
倉田保昭
俳優。1946年生まれ。映画デビューは『続・組織暴力』(1967年公開)、初主演は映画『武闘拳 猛虎激殺!』(1976年公開)。代表作は映画『帰って来たドラゴン』(1974年公開)、ドラマ『Gメン'75』(出演は1975年~1979年)など。香港や台湾での出演作多数。

※14
『闘え!ドラゴン』

1974年7月2日~12月17日、東京12チャンネルで放送。倉田保昭主演のカンフーアクションドラマ。

※15
『忍者武芸帖 百地三太夫』

1980年公開。監督・鈴木則文。戦国時代を舞台に主人公・鷹丸の復讐を描く。真田広之初主演。

んや志穂美(悦子)[※21]さんよりも、強かったんです。小学生の時にスタントマンをやってみたいとは思っても、それは憧れに近かったんです。でもだんだん憧れが強くなると現実的なイメージにつながっていき、中学を卒業するくらいの頃には、「やってみたいかな」なんて思うようになっていました。

高校生になり、JACの門を叩く

岩槻の高校に2期生として入学しました。入学と同時に体操部に入りました。JACに入ったら、バック転くらいできないといけないだろうと考えたんです。そんな折のことです、本屋さんで「De―view」(勁文社)というオーディション雑誌を見つけ、そこでJACの募集記事を目にしました。JACの事務所の住所が書いてあったので、違う高校に進学していた原口に電話をして、「一緒に行ってくれない?」ってお願いしたんです。とりあえず、行ってしまえということですね。それで休みの日に、当時JACの事務所があった恵比寿へ出向きました。ようやくJACを見つけ、原口にはビルの外で待ってもらい、文字どおり事務所の門を叩きます。それで、「すみません、JACに入りたいんですけど」って、どストレートにお願いしたんですね(笑)。そして、事務所にいた方にオーディションの日取りなどを教えてもらい、「わかりました」っていうことで家に帰りました。

中学に入った頃には特撮から離れていました。でもJACへの興味から『服部半蔵[※22] 影の軍

※16
真田広之
俳優。1960年生まれ。1973年、JAC入団。代表作は映画『里見八犬伝』(1983年公開)、『麻雀放浪記』(1984年公開)、ドラマ『高校教師』(1993年)など多数。

※17
『宇宙からのメッセージ』

1978年公開。監督・深作欣二。主人公シロー(真田広之)たちとガバナス帝国の戦いを描く。

※18
『キャノンボール』

1981年公開。監督・ハル・ニーダム。

※19
『汚れた英雄』

1982年公開。原作・大藪春彦、監督・角川春樹。

※20
『伊賀忍法帖』

1982年公開。原作・山田風太郎、監督・斎藤光正、主演・真田広之。恋人の仇を取るために戦う笛吹城太郎を描いた時代劇アクション映画。

団』のシリーズは観ていましたので、その流れでギャバンのことは知っていました。それで、『宇宙刑事ギャバン』※23や『(大戦隊)ゴーグルファイブ』※24をたまに観るようにもなるんです。やがて黒崎輝（くろさきひかる）※25さんが売り出されるような頃になると、JACブラザーズ※26とかJR－Ⅲとか、アイドルグループも輩出されていました。JACのミュージカル舞台も人気が高く、子供の小遣いではチケットは高かったんですけど、頑張って新宿コマ劇場の公演、『ゆかいな海賊大冒険』※27と『スタントマン物語』は観に行っています。JACの方が大挙出演されている大きな舞台で、派手なスタントはあるし広之さんは目の前にいるし、迫力満点でしたね。僕なんかのチケットだと端っこの席なんですけど、たまたま大葉健二（おおばけんじ）※28さんが出入り口あたりの階段の上にいらしたもんだから、「ギャバンがいる!」っていうことで、そっちばっかりに気がいって(笑)。その舞台でのいちばん若手は、14期の岡元次郎（おかもとじろう）※29さんでしたね。

いよいよ、JACに所属する

高校2年生になる直前、春先くらいですね。当時のJACは、東京と大阪にチームがあり、東京と大阪と京都でメンバーのオーディションをしていました。東京では豊島園のプールと更衣室、大きなテントを借り切り、そこを会場にしていたんです。ものすごい数の人間が、オーディションに来ていましたよ。それで、そのオーディションを受けようと思い、思い切って親に切り出します。意外にも「いいんじゃない」っていう答えでした。親としてはどうせ受かる

※21
志穂美悦子
俳優。1955年生まれ。1972年、JAC入団。代表作は映画『女必殺拳』シリーズ(1974年～1976年公開)、『二代目はクリスチャン』(1985年公開)、ドラマ『親子ゲーム』(1986年)など。

※22
『服部半蔵 影の軍団』

1980年4月1日～9月30日、フジテレビ系で放送。主演・千葉真一。1985年放送の『影の軍団 幕末編』までシリーズ全5作が放送され、志穂美悦子、真田広之、大葉健二、黒崎輝らも出演している。

※23
『宇宙刑事ギャバン』

1982年3月5日～1983年2月25日、テレビ朝日系で放送。主演・大葉健二。宇宙犯罪組織マクーと戦う銀河連邦警察のギャバンの活躍を描く。メタルヒーローシリーズ第1弾。

わけがないって、たかをくくっていたと思うんです。

審査は確か平日でしたので、学校に届けを出したうえで参加しています。会場にはすごい人数の人が集っていまして、あとで聞いたら3000人くらいだったそうです。まず、審査員の前で簡単なマット運動と発声をやっています。マット運動は自信があったのでなんということはなかったんだけど、発声は歌をやるんですよね(笑)。武田鉄矢さんの「人として」を歌いました。『三年B組金八先生』の第2シリーズの主題歌です。そして、所見を受けます。面接ですね。僕を面接してくださったのは、志穂美さんでした。履歴書を出してあって、それに趣味を映画鑑賞って書いておいたんです。志穂美さんは「月にどのくらい観るの?」ってお聞きになって。「1~2回ですかね」って答えますと、「それって、趣味と言えるのかな」って言われまして。内心しまったと思いながら、「あ、すみません」って、なぜか思わず謝ってしまい……。志穂美さんの隣には千葉さんがいらして、広之さんもいらしたのかな? それまでテレビやスクリーンで観ていた錚々たる先輩たちが目の前にいらっしゃるので、とにかく緊張しました。所見はものの2~3分のことでしたけど、まぁ、本当に長く感じたんです。

失敗もありましたけど、おかげさまで見事に受かっちゃったんですよね(笑)。親に養成所の案内書類を見せると、そこでようやく具体的な費用とかがリアリティを帯びてきます。入所金とか、けっこう高いんですよ。それもあってか、まだ高校生になったばかりだからダメだと反対されましてね。そこで、兄貴がさらっと加勢してくれたんです。「やらせてあげれば」って。それで、場のムードが変わりました。最終的には、「やるかぎりは、きちんとやるんだ

※24
『大戦隊ゴーグルファイブ』
1982年2月6日～1983年1月29日、テレビ朝日系で放送。ゴーグルレッド、ブラック、ブルー、イエロー、ピンクが、ゴーグルロボで暗黒科学帝国デスダークと戦うスーパー戦隊シリーズ作品。

※25
黒崎　輝
俳優。1962年生まれ。1978年、JAC入団。代表作は映画『コータローまかりとおる!』(1984年公開)など。

※26
JACブラザーズ、JR-Ⅲ
それぞれメンバー3名からなるアイドルグループ。

※27
『ゆかいな海賊大冒険』『スタントマン物語』
1981年～1982年初演のJACミュージカル。演出・出演・千葉真一、出演・志穂美悦子、真田広之、黒崎輝、大葉健二他。

ぞ」ということになったんです。

高校2年になる春から、高校とJACの養成所とを掛け持ちで通うことになりました。養成所は2年間なので、それからの高校生活はどっぷりダブルですね。体操部もあるから、トリプルか。僕は一生懸命なだけで、楽しかったんです。辛かったのは、親なんです。2つの学校に通っているようなものですから、お金が……。

親からは高校を優先するようにと言われていましたので、養成所は日曜クラスを選びました。ほかには、週に2回通うコースがありました。「月曜・火曜」「水曜・木曜」「金曜・土曜」クラスに「日曜」のクラスがあり、日曜は通常の2日分を一気にやるので、夕方までカリキュラムが詰まっている感じでした。それで平日は高校へ普通に通い、体操部の活動にもちゃんと参加していたんです。たまに日曜日に部活があったりすると難しかったんですが、大会は出たかったので日曜日でもなんとか出場して、試合が終わるや否や「お疲れ様です」となりました(笑)。

JAC16期

僕と同じ16期で今でもJACでやっているのは、横山一敏(よこやまかずとし)※30に今井靖彦(いまいやすひこ)※31、竹内康博(たけうちやすひろ)※32、大林勝(おおばやしまさる)※33、村岡弘之(むらおかひろゆき)※34、辻本一樹(つじもとかずき)※35あたりですかね。

僕の養成所での2年間は、ひたすら稽古の日々でした。JACにはスタントマンと俳優、歌

※28
大葉健二
俳優。1955年生まれ。JAC第1期生。ドラマ『バトルフィーバーJ』(1979年～1980年)、『電子戦隊デンジマン』(1980年～1981年)では変身前と、スーツアクターの両方を務めた。

※29
岡元次郎
スーツアクター。1965年生まれ。1984年、JAC入団。ドラマ『仮面ライダーBLACK』(1987年～1988年)から映画『仮面ライダーJ』(1994年公開)までの主演ライダーを務めた。

※30
横山一敏
スーツアクター。1966年生まれ。ドラマ『超力戦隊オーレンジャー』(1995年～1996年)から『電磁戦隊メガレンジャー』(1997年～1998年)で3年連続レッドを務めた。

※31
今井靖彦
スーツアクター。1965年生まれ。ドラマ『百獣戦隊ガオレンジャー』(2001年～2002年)などでスーパー戦隊メンバーを務めた。

手の3ジャンルがありましたけど、養成所では本人の志望には関わりなく全員が同じカリキュラムでみっちり学びました。その内容は殺陣に演技、発声、ジャズダンス、アクションなどで、それを2年間こなしたうえで、最後に面接的なオーディションを受けたんです。そこで最終的なふるいにかけられ、正式にJACのメンバーになる人もいれば、落ちる人もいるわけです。メンバーになる場合は、志望に応じてスタントマン、俳優、歌手のコースへ進みます。

アクションを教えてくれたのはJACの先輩で、井上清和[※36]さんでした。京都で時代劇をやられていた崎津隆介[※37]さんや沢田祥二[※38]さんがいらっしゃったり、特別講師で春田純一[※39]さんがいらしたこともありますね。殺陣は外部の専門の先生がいらして、「剣立ち」って言うんですが、剣による立ち回りを学びました。これはけっこう難しく、短期間でしたけど子供の時に剣道をやっていたおかげで刀を握るという感覚を覚えていて、わりとついていけた気がします。発声の先生は『がんばれ!! ロボコン』のロビンちゃんのお父さん、有名な音楽家の島田敬穂さんで、演技は演劇研究所からいらした先生に教えていただいています。ジャズダンスも必須でしたけど、これは恥ずかしかったですね(笑)。

16期の2年目の時です、お正月に国立競技場でやっていたアメリカンフットボールの「ライスボウル」のハーフタイムショーに出演したことがあります。二十数人が顔出しで衣裳を着て、連なって行進をしてタンブリングですね。

当時は時代劇がまだまだありましたので、大阪のJACの16期は、東映の太秦撮影所で撮影されていた『水戸黄門』や年末の大型時代劇などもこなしていて、忙しかったんです。で、僕

※32
竹内康博
スーツアクター。1963年生まれ。ドラマ『激走戦隊カーレンジャー』(1996年～1997年)他でスーパー戦隊メンバーを務めた。

※33
大林 勝
スーツアクター。1971年生まれ。ドラマ『宇宙戦隊キュウレンジャー』(2017年～2018年)他でスーパー戦隊メンバーを務めた。

※34
村岡弘之
スーツアクター。1968年生まれ。ドラマ『忍風戦隊ハリケンジャー』(2002年～2003年)他で怪人などのスーツアクターを務めた。

※35
辻本一樹
俳優・アクション監督。1969年生まれ。代表作に映画『斬～KILL～』(2008年公開)『忍者狩り』(2016年公開)。アクション監督作品にドラマ『警部補・佐々木丈太郎7』(2014年)など。

ら東京の16期は、特撮ヒーロードラマの撮影や後楽園ゆうえんちのヒーローショーを研修という感じで手伝っていたので、こちらも忙しかったんだと思います。でも、16期同士が東京と大阪で競い合うとか、そんな雰囲気はまったくなかったです。なにかの折に会うことがあっても、大きく関わるということはなかったですね。ただ、東京と大阪のメンバーを何人か体験的に入れ替えるといった交流はしていて、僕は大阪には行っていませんが、その時に行った者はチームのあり方の差を感じたと聞いています。

※36
井上清和
俳優。映画『吼えろ鉄拳』(1981年公開)、『燃える勇者』(1981年公開)、『忍者武芸帖百地三太夫』などに出演。

※37
崎津隆介
俳優。1955年生まれ。ドラマ『柳生一族の陰謀』(1978年～1979年)、『影の軍団Ⅱ』(1981年～1982年)などに出演。

※38
沢田祥二
俳優。映画『戦国自衛隊』、『魔界転生』(1981年公開)、『伊賀野カバ丸』(1983年公開)などに出演。

※39
春田純一
俳優・スーツアクター。1955年生まれ。1970年、JAC入団。ドラマ『大戦隊ゴーグルファイブ』『科学戦隊ダイナマン』(1983年～1984年)では変身前とスーツアクターの両方を務めた。

第二章 ヒーローショーの時代

ブラックマスクだけど下っ端

高校を卒業するタイミングで、後楽園の野外ステージのショーに参加するようになりました。広之さんが目標でしたからね、俳優科を志望したんですけど、俳優科なのに、なぜか面(メン)を被らせられたんです（笑）。手伝いから始まって、夏の公演で役をもらいました。それが『光戦隊マスクマン』[※1]の兵隊（アングラー兵）でした。その頃の僕は線が細かったので、いい役はもらえなかったんです。夏休みの公演ですから、ヒーローが大挙登場し、新人なのに体が大きくて見栄えがいい横山はジャスピオンを担当していました。『マスクマン』の公演でレッドマスクをやっていたのは岡元さんでしたけど、彼が新番組の『仮面ライダーBLACK(ブラック)』[※2]でBLACKを演じることになって抜けたため、ショーのブラックマスク役が16期に回ってきました。最初、同期の男がやったんですが顔が大きくて（笑）、中のアンコ（＝詰めもの）を取っても（マスクが）きちんと閉じない。それで、「じゃあ、お前がやれ」と。仕方がないからやれでしたね。それで、ブラックマスクをやることになりましたが、同時に兵隊もやっていたので、せわし

※1
『光戦隊マスクマン』

1987年２月28日～1988年２月20日、テレビ朝日系で放送。オーラパワーを持つレッドマスク、ブラック、ブルー、イエロー、ピンクがグレートファイブなどで地底帝国チューブと戦う姿を描くスーパー戦隊シリーズ作品。

※2
『仮面ライダーBLACK』

1987年10月４日～1988年10月９日、TBS系で放送。暗黒結社ゴルゴムに改造された南 光太郎が仮面ライダーBLACKとなり、ゴルゴムの怪人たちと戦う姿を描く仮面ライダーシリーズ作品。

なかったですね。困ったことは、『マスクマン』を観たことがなかったのでポーズを知らなかったことです。あの頃の先輩は、怖い人ばかりでしたから、優しく教えてくれるなんてことはありません。「教えていただけますか？」とお願いし、しぶしぶ教えてもらいました。お客さんに見えない舞台の裏での段どりなんかも、一通りは教えてくださるんだけど、細かいことまでは教えてくれない。「考えて動け」とどやされ、必死に走り回っていたんです。無我夢中で。

　岡元さんがいなくなったためレッド役に昇格した先輩の岩田(時男)[※3]さんが、たまたま僕と体格が似ていたんです。それで、翌年の1988年の『超獣戦隊ライブマン』[※4]の公演では、レッドファルコンのダブルキャストをやらせてもらいました。ステージの高いところでジャンプをした先輩が消えると、次の瞬間に違うところから僕が出てくるといったための役ですね。そうしていたら、今度はその岩田さんが『仮面ライダーBLACK』でシャドームーン[※5]をやるためにいなくなってしまった。それで、僕がメインでレッドファルコンを担当することになります。単に運がいいからなんですけど、2年目にしてレッド役というのは、とても早いケースですね。それと同時に顔出しのキャラクターで、ドクター・ケンプ[※6]もやっているんです。ケンプは最初、先輩の山本亨[※7]さんがやられていて、続いて東山(茂幸)[※8]さん、そして僕だったと思います。「お前、俳優志望だろ？」と言われ、「まぁ、そうですけど」なんて答えたら、「じゃあ、セリフをしゃべれ」ということで(笑)、ケンプは普通にセリフをしゃべってお芝居をしないといけなかった。ライブでアクションをしてセリフも話すというのは、本当にキツかったですね。汗をかくと声の出は悪くなるので声は嗄れるし、滑舌がいいほうではなかったので、そ

※3
岩田時男
スーツアクター。ドラマ『特警ウインスペクター』(1990年～1991年)ではウォルターのスーツアクターを務めた。

※4
『超獣戦隊ライブマン』
1988年２月27日～1989年２月18日、テレビ朝日系で放送。レッドファルコン、イエローライオン、ブルードルフィン(のちにブラックバイソン、グリーンサイも)がライブロボなどで武装頭脳軍ボルトと戦う姿を描くスーパー戦隊シリーズ作品。

※5
シャドームーン
『仮面ライダーBLACK』『仮面ライダーBLACK RX』(1988年～1989年)ほかに登場した、悪の仮面ライダー。BLACKと死闘を繰り広げた。

こもついでに怒られてしまい（笑）。大変でしたけど、勉強にはなりましたね。

高いところが怖い

走るジェットコースターに膝立ちした状態で、レッドファルコンが銃を撃つという見せ場の演出がありましたが、僕も何度かやっています。嫌でしたね。普通にお客さんが乗っているジェットコースターの先頭車両だけが空いていて、その先頭に乗るんです。お客さんに見られるので、面は乗る前から着けています。たまたま居合わせたお客さんは、ラッキーなわけですけど。先輩はお客さんの目を考慮して、出発する時からヒーローっぽい乗り方をされていたそうなんですが、僕は怖いので、お客さんと同じようにきちんと座り（笑）、野外劇場のお客さんに見える直前にヒーロースイッチを入れていたんです。コースターがステージの近くになるとコースが斜めになっていて、銃を撃つタイミングだとかなり前のめりになるんです。怖くて怖くて、観客の死角に入ると、即座に座ったもんです。絶妙なタイミングでもう1人のレッドがステージに登場するので、観客の意識がそちらにそれたスキに座ります。それで1周して乗り場に戻るとすぐに降りて、急いで別の役（敵とか）に着替えてショーに戻るわけですね。

そんな夏に、後楽園にも仮面ライダーBLACKが登場するんですが、それが僕の初の仮面ライダー役になります。そして、正月公演の仮面ライダーBLACK RX（アールエックス）[※9]も僕がやっていてその時期は、東宝の『電脳警察サイバーコップ』[※10]でも2～3回、兵隊をやっています。怪人も

※6
ドクター・ケンプ
『超獣戦隊ライブマン』に登場。学生だったが、ボルトで大教授ビアスの部下となる。戦闘時には美獣ケンプや恐獣ケンプに変身する。

※7
山本　亨
俳優。1961年生まれ。1979年、JAC入団。舞台『幕末純情伝～黄金マイクの謎～』（1990年）など、舞台に多く出演。

※8
東山茂幸
俳優。ドラマ『太陽戦隊サンバルカン』（1981年～1982年）、『宇宙刑事ギャバン』『大戦隊ゴーグルファイブ』などに出演。

※9
仮面ライダーBLACK RX
1988年10月23日～1989年9月24日、TBS系で放送の同名番組の主人公。仮面ライダーBLACKがキングストーンのパワーで転生した姿で、ロボライダーなどに強化変身する力を得て、クライシス帝国と戦う。

やりました。ゲストの春田さんが変身したらしい怪人で、マントを着けた真っ黒な奴（グラップラー）です。表参道の歩行者天国で、人通りの多い時間なのにバック転をやったことをよく覚えていますよ。

ショー以外でもいろいろ

当時の野外劇場には最大で2000人くらいのお客さんが収容できたので、ショーが終わってからの握手会も大変でした。ショーが終わって司会のお兄さんが「バイバイ」と言ったら僕は裏に引っ込み、いったん変身を解除して手袋をきれいなものに替えて握手の列が整うのを待ちます。その間が10分くらいで、そこが僕の休憩時間です。それで呼吸を整えて、再び面を被る直前に氷を口に入れて面のなかに冷気を回すんです。お客さんが多いときは、その握手が90分ほど続きました。それを1日1回やります。夏休みや祝日だとショーが4回くらいで、マックスで5回ですね。食事をとる時間もなくて、準備の合間にうどんをすするとか、そんな感じで。

僕は、後楽園のショーは『（五星戦隊）ダイレンジャー』[※11]までやっています。その時代は後楽園を中心にしつつ、徐々にテレビや舞台でも仕事をするようになります。平日は、ショーがないことが多いので、僕は自由に使われやすいポジションにいたんですね。[※12]山岡（淳二）さんが差配してくれたこともあります。まだ1年くらいの時期に『はぐれ刑事純情派』で、木村一八

※10
『電脳警察サイバーコップ』

1988年10月2日～1989年7月5日、日本テレビ系で放送。ビットスーツを装着する警視庁の特殊部隊ZACと犯罪組織デストラップの戦いを描く。

※11
『五星戦隊ダイレンジャー』

1993年2月19日～1994年2月11日、テレビ朝日系で放送。気力を使うダイ族の子孫、リュウレンジャー、シシレンジャー、テンマレンジャー、キリンレンジャー、ホウオウレンジャー（のちにキバレンジャーも）が気伝獣や巨大武人でゴーマ族と戦う、スーパー戦隊シリーズ作品。

さんの専属の吹き替えをやらせていただいたんですけど、あの番組は技斗が山岡さんで、木村さんと体形が似ているということで僕を呼んでくれたんです。ハウス食品のカレーのCMで2～3作ですかね、少年隊の東山(紀之)の専属で吹き替えもやっていますよ。東映テレビプロの番組では、補助とか兵隊とかで参加していました。

JACにBlack JACという演劇集団があって、※13西本良治郎さんが演出をやられていました。その『マグニチュード愛'88』という舞台に出演しまして、それが初舞台です。舞台公演をやっていると地震が起こってそこが埋まってしまい、閉鎖空間の中で数人の人間たちの葛藤が描かれる内容です。僕は組んでいた女性のダンサーと恋人同士という設定で、怪我をしていていちばん早く息絶えます。アクションはなくて、お芝居だけの難しい内容でした。追い込まれていく状況で、みんなの平常心が失われていき、モラルの崩壊が起こり始める。出演は山本亭さんに岡本美登さん、関根大学さんたちで、客演が関時男さんでしたね。あとは、劇団昴から寺内よりえさんがいらしていました。

その後は『TOKYO家族』という舞台で前座のチョイ役をやったり、地下鉄に閉じ込められる別バージョンの『マグニチュード11』の車掌役ですかね。Black JACはこのくらいで、あとは、(12代目)市川團十郎さんの歌舞伎に出演しています。こちらは外部からの仕事で、※14横山稔さんが立ち上げたスタント事務所、インフィニティからのお話でした。まだ海老蔵さんが10歳になっていないくらいの時代で、僕はトンボを切る役でした。おそらく、JACに「誰かいない?」という連絡があって、事務所が空いている人間を派遣するんです。

※12
山岡淳二
アクション監督。1952年生まれ。ドラマ『電子戦隊デンジマン』から『超新星フラッシュマン』(1986年～1987年)までの7作品など多くの作品のアクション監督を務めた。

※13
西本良治郎
アクション監督。1949年生まれ。ドラマ『超人機メタルダー』(1987年～1988年)『電脳警察サイバーコップ』などのアクション監督を務める。現・JAE代表取締役副社長。

※14
横山　稔
アクション監督。ドラマ『星雲仮面マシンマン』(1984年)、『兄弟拳バイクロッサー』(1985年)などでアクション監督を務める。

※15
『新春かくし芸大会』
「男たちの挽歌」は1988年1月1日放送の第25回で放送。

拘束時間は長かったんですけど、楽しかったのが、『新春かくし芸大会』[※15]で放送された近藤真彦さんが主演のドラマです。『男たちの挽歌』のパロディで、別の場面という設定で、セクシーアイドルのT－BACKSのお姉さんたちが踊っているカットからキャメラがパンをするとギャングが酒を酌み交わしているシーンになり、近藤さんが立ち上がって出ていこうとするところを僕が引き留めて機関銃を渡すといったお芝居があったんです。その時、思わずT－BACKSに目を奪われていて、近藤さんが来るのに気づかず、視界に入ってきたところであわてて対応し、ギリギリOKをもらったんです。「あぶねーって」(笑)。まだ20代で、若うございました。あと、『ウッチャンナンチャンのやるならやらねば！』という番組にも出ていますけど、バラエティ系はフジテレビが多いですね。

TBSの緑山スタジオにも、ちょいちょい通っていて、『新婚なり！』という三上博史さんと牧瀬里穂さんのホームコメディでは、セミレギュラーでした。『(重甲)ビーファイター』の頃です。三上さんが特撮監督という設定で、本当はお寺を継がないといけないんだけど俺は特撮がやりたいんだというようなドラマでした。その三上さんの特撮の現場で、主役の中の人が僕だったんです。アクションは多少あり、セリフもいただいて三上さんとの絡みもありました。スタッフルームにいる監督に相談に行ったりというシーンが、ありましたね。役名はなかったんですが、ヒーローの名はカゲトラでした。

※16
『恐竜戦隊ジュウレンジャー』
1992年２月21日～1993年２月12日、テレビ朝日系で放送。ティラノレンジャー、マンモスレンジャー、トリケラレンジャー、タイガーレンジャー、プテラレンジャー(のちにドラゴンレンジャーも)が大獣神などで魔女バンドーラたちと戦うスーパー戦隊シリーズ作品。

※17
大藤直樹
スーツアクター。1965年生まれ。1982年、JAC入団。ドラマ『地球戦隊ファイブマン』(1990年～1991年)から６年間連続でスーパー戦隊メンバーのスーツアクターを務める。

※18
いのくままさお
キャメラマン。1939年～2020年。ドラマ『人造人間キカイダー』(1972年～1973年)以降、特撮番組の撮影を数多く担当した。

ヒーロードラマでの仕事も始まり

ある程度きちんとヒーローをやらせてもらえたのは、[16]『恐竜戦隊ジュウレンジャー』のドラゴンレンジャーです。最初は全部やる予定でしたが、Black JACの舞台などが入った関係で、最初と最後だけになっちゃいました。その間は竹内と[17]大藤直樹で、主に竹内がやってくれています。僕は登場して巨大化する話あたりまでと、ラストの数回ですね。あの頃は、テレビの撮影に携わるのは初めてに近く、[18]いのくま(まさお)さんにも[19]東條(昭平)監督にも「キャメラフレームもわかんねぇのか」ってボロクソに怒られましてね。当然、まだ名前は知られていないので、「お前」でしたし。へこみまして、お弁当ものどを通らない現場のお昼でした。いのくまさんに「高岩」と呼んでもらえたのは、『忍者戦隊カクレンジャー』でレギュラーになれてからですね。『ジュウレンジャー』の素面のゲキはJACの15期で1年先輩の[20]望月祐多さんで、年齢は望月さんが1つ上か一緒くらいで、すごく仲良くしていただきました。ティラノレンジャーは[21]前田浩さんが演じることが多く、当時、毎年あったにせレンジャーは後楽園メンバーの5人がやっていたので、前田さんのことは知っていました。

この時期、[22]『(特救指令)ソルブレイン』では僕は竹内と一緒に[23]新堀(和男)さんと甲斐将馬の手下をやり、[24]『(特捜)エクシードラフト』でも細かく顔出しの悪者をやっていて、[25]『(特捜ロボ)ジャンパーソン』では、やはり顔出しで悪そうなロボットなんかをやっています。[26]『真・仮面

※19
東條昭平
監督。1939年生まれ。ドラマ『戦え！マイティジャック』(1968年)でドラマ初監督。『太陽戦隊サンバルカン』から東映作品を監督、多くのスーパー戦隊シリーズ作品の監督を務めた。

※20
望月祐多
俳優。1967年生まれ。1986年JAC入団。ドラマ『恐竜戦隊ジュウレンジャー』、映画『仮面ライダーJ』で主役を演じる。

※21
前田　浩
スーツアクター。1961年生まれ。映画『仮面ライダー THE FIRST』(2005年公開)で1号のスーツアクターを務める。

※22
『特救指令ソルブレイン』
1991年1月20日～1992年1月26日、テレビ朝日系で放送。メタルヒーローシリーズ作品。

ライダー 序章（プロローグ）』の時は、横転したトラックから出てくると撃たれて落ちる兵士でした。あの時は後ろを見ないで落ちなくてはいけないのに、つい見ちゃった気がするんです。で、画を観たらしっかり後ろを見ている(笑)。OKにはなったんですけど、申し訳なかったです。そして、『※27仮面ライダーZO（ゼットオー）』ではメインの怪人、ドラスをやっています。ドラスは横山だったんですけど、仕事が被ってしまったため彼はドラスが登場したところの破壊シーンと中盤の廃墟内の戦いだけになってしまい、くし刺しのあたりとラストの立ち回りのほとんどは僕になってしまいました。あの立ち回りでの※28金田治（かねだおさむ）アクション監督の演出は長回しのアクションが特徴で、オーラスの部分は360度全部が作ってある、手間と予算がすごいセット内でずっと吊られて縦横無尽の撮影をしていた※29松村（まつむら）(文雄（ふみお）)さんがいちばん大変だったと思いますよ。

時代劇からの忍者ヒーロー

時代劇はNHKの大河ドラマ、広之さんの主演だった『太平記』が最初ですかね。まず見張りの役で登場し、顔は映らないけどセリフをいただき、後日に騎馬隊の役でした。JACでは散々騎馬合宿が行われていたんですけど、僕はまったく参加できていなくて、NHKの現場が初乗馬だったんです。それで出番の前に練習をさせてもらったら、闊歩（かっぽ）くらいはなんとかなる。それで本番では、家屋に火をつけて燃やし、その隙間を通過して坂道を駆けおりて河原に出るという難しい撮影でした。5～6騎が準備していて、火がつくと剣友会の人やウチのメン

※23
新堀和男
アクション監督。1955年生まれ。ドラマ『秘密戦隊ゴレンジャー』のアカレンジャーなどの後、『バトルフィーバーJ』から『鳥人戦隊ジェットマン』(1991年～1992年)までのレッドのスーツアクターを務める。現・株式会社レッド・エンタテインメント・デリヴァー代表取締役社長。

※24
『特捜エクシードラフト』

1992年2月2日～1993年1月24日、テレビ朝日系で放送。メタルヒーローシリーズ作品。

※25
『特捜ロボジャンパーソン』

1993年1月31日～1994年1月23日、テレビ朝日系で放送。メタルヒーローシリーズ作品。

※26
『真・仮面ライダー 序章』

1992年2月20日、東映ビデオから発売。財団により改造された若者の戦いを描く、仮面ライダーシリーズ作品。

バーが1頭ずつ駆けていく。でも、僕の馬はピクリとも動かない。「お尻を叩いてください！」馬の指導の方に言われて刀でパンとやったら、スコーンと走り出して。で、気がついたらもう川で、「やばい」と思ったらターンして振り落とされて。馬に復讐されました。ほんとはカメラ位置とかを考慮して走らないといけないんでしょうけど、頭の中は完全に真っ白でした。

　その後、『(魔法戦隊)マジレンジャー』のテレビと劇場版で馬(バリキオン)に乗るシーンは全部自分でやっていて、映画の『さらば仮面ライダー電王』の時も僕が乗馬をやっています。『仮面ライダー鎧武』でのオープニングの爆発絡みの乗馬は、竹内が慣れているので代わってやってくれました。僕は冒頭のジャンプのカットとかバロンや斬月との合戦なんかをやっています。劇場版の(片岡[かたおか])愛之助[あいのすけ]さんとの騎馬戦は、難易度が高いのでだいたい馬の専門の方で、Uターンのカットとか、馬上でセリフがあるところが僕でした。いつもできる限りは自分でやろうという気持ちで入るんですけど、個人的には乗馬はあまり好きではないですね。

　そして、テレビ東京のスペシャルドラマ『森蘭丸』のアクションシーンの撮影で、日光江戸村にいた時でした。江戸村の劇場の楽屋にJACの事務所から電話があり、「来年のレッドをやってもらうから」ということでした。「おおっ」と思いながら、フィッティングの段取りなどを聞いたんです。そこで軽く、忍者ヒーローだという説明も受けました。ちょうどその時、忍者の扮装をしていたんですよね。で、「おっ、これか」って(笑)。

※27
『仮面ライダーZO』
1993年公開。監督・雨宮慶太。ネオ生命体ドラスから少年を救うため、バッタの遺伝子を組み込まれた青年が戦う、仮面ライダーシリーズ作品。

※28
金田　治
JAE代表取締役社長。1949年生まれ。1979年、JACに研究生として入門。ドラマ『ロボット刑事』(1973年)で初主役スーツアクターを務める。『正義のシンボル　コンドールマン』(1975年)で初技斗。『特捜ロボ ジャンパーソン』で初監督。舞台監督も多数。

※29
松村文雄
キャメラマン。1948年生まれ。ドラマ『仮面ライダー』で撮影監督デビュー。多くの特撮作品のほか、一般ドラマも多く手掛ける。

第二章 スーパー戦隊のヒーローを演じる

テレビドラマでヒーローを演じてみて

（『忍者戦隊カクレンジャー』[※1]で）ニンジャレッドになった時の気持ちは、変な緊張感という形容しかできません。レッドという役はそれまでずっと新堀さんが作っていらして、『（恐竜戦隊）ジュウレンジャー』で前田さんがそれを引き継ぎ、『（五星戦隊）ダイレンジャー』では大藤さんが担当された。その後でしたから、「僕も1年だけやるのかな？」と自然に思っていたんですよね。緊張するけど、今回だけだと思っていた。ですから、なんとかしてその後も、テレビの現場に携われないものかと思っていたんです。ずっとヒーローショーをやってきたので、今度は映像の部分をきちんとやりたいということで、必死でした。でも、第1話のアクションとかを観ると、ショーの表現になっていて。大きく動くとか、わかりやすく表現するとかが、もろに映像に出ていた。我ながら、「ヘッタクソだな」って思い（笑）。

最初は映像作りの現場に慣れなきゃと思い、怖いながらに「キャメラフレームにどのくらい入っていますか？」といったことを、いのくまさんに聞きながらやっています。まだ名前を憶

※1
『忍者戦隊カクレンジャー』
1994年２月18日～1995年２月24日、テレビ朝日系で放送。忍者・隠流の末裔、ニンジャレッド、ホワイト、イエロー、ブルー、ブラックの５人が獣将や三神将などで総大将ぬらりひょんの妖怪軍団と戦う、スーパー戦隊シリーズ作品。

※2
宮崎　剛
アクション監督。1963年生まれ。ドラマ『仮面ライダーアギト』（2001年～2002年）から『仮面ライダーフォーゼ』（2011年～2012年）までの12作品など、多くの特撮作品のアクション監督を務める。

えていただけず、「赤いの」なんて呼ばれていました（笑）。そして僕のサイドを固めるのは、ブルーの※2宮崎（剛）さんにイエローの※3石垣（広文）さん、ブラックが※4喜多川（２ｔｏｍ）さんでホワイトが※5村上利恵ですからね。僕はいちばん下っ端ですから、レッドの扮装をして喜多川さんたちのおしぼりを準備して配ったり、雑用もどんどんやっていました。４人がキャメラの前に立ってスタンバイしているところに、「レッド、早く入れ」と言われ、雑用をしている僕が「すいません！」という調子で入る。レッドなのに（笑）。

ニンジャレッドの役をいただいた時、新堀さんと飲む機会がありまして、レッドのあり方を教えていただきました。その際に「レッドは真ん中で、ドーンと構えていなきゃいけないんだよ」と言われたんです。新堀さんのタッパ（身長）と逆三角形のフォルムですからそれは絵になります。でも、前田さんや大藤さんや僕らの世代になると、みんな線が細くて、「ドン！」とした表現ができないんです。最初は新堀さんに言われたことを実行して頑張ったんですけど、『カクレンジャー』の途中で気づきました。あれは新堀さんだから成立したことであって、自分ではどうやっても無理があると。ですから、申し訳ないんですけど新堀さんのお言葉はいったん忘れ、高岩なりのレッドをやってみようと切り替えることにさせていただいたんです。

最初にショーの演技をテレビの演技に持ち込んで、自分の演技を「ひどいな」と思った延長線上に、独特のヒーローアクションがありました。たとえばテレビドラマとして位置関係などがきちんと演出されているんだから、敵と話すときに相手を指さすことなんか必要ないはずですよね。それが、「レッドってそういうものだ」という前提が確立していたので、演出する側

※3
石垣広文
アクション監督。1963年生まれ。1981年、JACに入団。ドラマ『超獣戦隊ライブマン』のブラックバイソンなど、スーパー戦隊メンバーのスーツアクターを多く務める。『特捜戦隊デカレンジャー』(2004年～2005年)でアクション監督としてデビュー、以降『海賊戦隊ゴーカイジャー』(2011年～2012年)まで8作のほか作品多数。

※4
喜多川2tom
スーツアクター。1957年生まれ。ドラマ『超電子バイオマン』(1984年～1985年)以降、スーパー戦隊メンバーのスーツアクターを多く務める。ゴジラ映画でも多くスーツアクターを務めている。

※5
村上利恵
スーツアクター。1969年生まれ。ドラマ『五星戦隊ダイレンジャー』から『超力戦隊オーレンジャー』までの3作でスーパー戦隊メンバーほかを務めた。

もキャラクター演技はそういうものだと思い込んでいたんです。やっていると、そのあたりにだんだんクエスチョンが出てきて、『(星獣戦隊)ギンガマン』[※6]とか『(救急戦隊)ゴーゴーファイブ』[※7]あたりで、身振り手振りが大げさな演技に対し、「こういうのやりたくない」って思い始めるんです。それで、ナチュラルな表現を始めたんですけど、やっぱり監督からは「わかりやすく」「大きめの身振りで」と言われます。で、それに対しても主張するようになるんです。その頃まで、現場には変身の前と後の演技に整合性をもたせようとかいう発想は、おそらくどこにもなく、僕もそうでした。脚本に合わせて怒っているとか、悲しんでいるとか、そういった大ざっぱな部分をすり合わせていただけなんですね。

メタルヒーローを担当

『ビーファイター』[※8]は初の甲冑型のスーツを着ての演技なんで、胸が出ているなという印象はありました。ただ僕はアクション用のブルービートでしたから、特に衣裳のフッティングとかはなく、僕のスタイルに合わせた衣裳というわけではありませんでした。逆に、現場でハサミとボンドを使い、アクション用のスーツを切り張りして自分たちのサイズに合わせて改造しています(笑)。アップ用は岡元さんの体形で、岡元さんがブラックビートになると、日下(秀昭)[※9]さんがブルービートになるので、スーパーブルービートのスーツは日下さん合わせで作られています。土屋圭輔[※10]とは『ダイレンジャー』の時に知り合っていたので、ブルービートに変身す

※6
『星獣戦隊ギンガマン』

1998年２月22日～1999年２月14日、テレビ朝日系で放送。ギンガの森で戦士として選ばれたギンガレッド、グリーン、ブルー、イエロー、ピンク（のちにブルブラックも）がギンガレオンなどで、宇宙海賊バルバンと戦う姿を描くスーパー戦隊シリーズ作品。

※7
『救急戦隊ゴーゴーファイブ』

1999年２月21日～2000年２月６日、テレビ朝日系で放送。人々の命を守る職業についていた巽兄妹が変身するゴーゴーファイブのゴーレッド、ブルー、グリーン、イエロー、ピンクがビクトリーロボなどで災魔一族と戦う、スーパー戦隊シリーズ作品。

るその双子の兄の大輔とは面識があり、打ち解けるのは早かったですね。でもその頃もまだ素面と演技を合わせる考えはなく、僕はアクション用ですから演技的なことは岡元さんにお任せし、ひたすらアクションをガンガンやっています。レッドのスーツと違い、素材のウレタンが衝撃を抑えてくれるんで助かりました。動きづらさはあるんですけど、そこは早くに慣れました。

『ビーファイターカブト』[※11]では、番組が始まった時点で世界のビーファイターが登場するということは聞いていました。ある日、事務所に呼ばれて行ってみると社長(金田治)から「ビーファイターゲンジの変身前をやってもらう」と聞かされました。もともと役者志望ですからね、「ありがたい」という気持ちがありつつ「なぜいまさら」という戸惑いに緊張感も同居し、「わかりました」とは答えたのですが。すると、さらに「日本人じゃないんだ」という追い打ちがかかり、「南米人らしい」ということで。微妙な設定ですよね。それで僕が演じたフリオ・リベラは、ほかの3人と較べるとしゃべらない役で、自然と対話する寡黙な人物という設定でした。僕が起用されたにしては特にアクションもない役だったけど、ビーファイターテントウの変身前を演じたヒロインの女の子との恋物語的なニュアンスはちょっとありましたね。

カブトのアクションをやりながら、フリオの変身後、ゲンジのキャラクターアクションもやりました。ですからフリオの芝居とゲンジのアクションの両方があるときは、登場のポーズだけを代役に頼み、その間に着替えて立ち回りは自分でやっていました。フリオの登場前は、ビーファイターヤンマもやっています。変身前のヤンマのマック・ウインディ役はルーベン・[※12]

※8
『重甲ビーファイター』
1995年2月5日〜1996年2月25日、テレビ朝日系で放送。ブルービート、ジースタッグ、レッドルの3人のビーファイターと、異次元侵略集団ジャマールの戦いを描く、メタルヒーローシリーズ作品。

※9
日下秀昭
スーツアクター。1957年生まれ。ドラマ『電子戦隊デンジマン』のダイデンジンでデビュー。以降、多くの作品で活躍。

※10
土屋圭輔
俳優。1972年生まれ。ドラマ『五星戦隊ダイレンジャー』で天時星・知を、『重甲ビーファイター』でシャドーを演じる。

※11
『ビーファイターカブト』
1996年3月3日〜1997年2月16日、テレビ朝日系で放送。『重甲ビーファイター』の続編で、メルザードー族と戦うカブト、クワガー、テントウの3人のビーファイターの姿を描くメタルヒーローシリーズ作品。

ラングダンというアメリカ人で、彼は言葉はカタコトでしたけど、けっこう仲良くしました。彼は、もともとブルース・リーが好きなため、アクション好きでアクションができたんです。日本にいた期間は短くて、その後はずっとアメリカでスタントマンをしているらしいですね。

再びスーパー戦隊へ

Vシネの『オーレVSカクレンジャー』[※13]にはまったく関わらず、再び竹田さんに引っ張っていただいて『(電磁戦隊)メガレンジャー』[※14]のメガブルーをやらせてもらいました。クールポジションのキャラクターだったので、変身前の松風(まつかぜ)(雅也(まさや))[※15]とはクール部分での表現についてよく話をしていました。中心にいるレッドではないことはほぼ初めてで、この時、レッド以外は意外と自由度が高いんだということを知りました。楽というか、やりやすかったんです。松風っぽい気取ったクールさを出すことが、じつに楽しかった。

『ギンガマン』ではキャラクターが星獣ありきですから、竹田さんが前傾姿勢の走りなどを発想されています。キツかったですね。姿勢がキツいということもあるんですが、前傾は前があまり見えないんです。マスクの造形上、どうしても顔が上がらないので、進行方向を確認しづらい。キャメラ位置もちゃんと確認できないので、「まっすぐ走れ」がいちばん難しかった。それも、カッコいい様で走れという注文があったので、なおさらです(笑)。「オープニングの馬はどうしたの?」ということで、馬に乗ろうよって思いましたけど、どこへいくにも走って

※12
ルーベン・ラングダン
マック役の後、『パワーレンジャー・ロスト・ギャラクシー』(1999年)などのスタントで活躍。

※13
『オーレVSカクレンジャー』

オリジナルビデオ『超力戦隊オーレンジャー オーレVSカクレンジャー』(1996年3月8日)。いわゆる『VSシリーズ』第1弾。パラノイアに作られた妖怪と戦うため、2大戦隊が共に戦う姿を描く。

※14
『電磁戦隊メガレンジャー』

1997年2月14日～1998年2月15日、テレビ朝日系で放送。メガレッド、ブラック、ブルー、イエロー、ピンク(のちにシルバーも)がギャラクシーメガなどで邪電王国ネジレジアと戦う、スーパー戦隊シリーズ作品。

※15
松風雅也
俳優。1976年生まれ。並樹瞬(=メガブルー)役でデビュー。その後、バラエティ、舞台、声優などで活躍している。

ばかりでしたね（笑）。ギンガレッドには兄貴との物語が色濃くあったので、ドラマ要素が強いキャラクターでした。そのこともあってか、リョウマ役の前原一輝[※16]とはよく話し合っています。メガブルーあたりからでしょうか、変身後にきちんと芝居をする演出が多くなっている気がしますね。前原は普段からテンションが高い気のいい男で、年齢が近い照英と仲がよく、僕も年の差はそんなになかったから仲良くしてもらっています。

田崎（竜太）[※17]さんが初のパイロット（第1～2話）監督ですから、演出にとても力が入っていて。オープニングの撮影の時もずっと主題歌を聴きつつ進めていて、テンションを上げられていました。「ガンガンギギンってなんですかね？」って言われても、「知らねえよ」って（笑）。あと、自分的には諸田（敏）[※18]監督は、このあたりからだったのかなと思います。諸田監督は長石（多可男）[※19]監督の愛弟子ですからね、似ているなという印象を抱きました。それがいまは、ほぼまんま長石さんですね（笑）。

いきなり私生活について

JACで仕事をするようになって、20歳を過ぎるまでは実家にいました。一人暮らしを始めたのは、仕事の拠点が水道橋にある後楽園から大泉にある東映撮影所に替わった時期ですね。実家からだと早朝のロケバスの撮影所出発に間に合わないので、そうそうみんなに泊めてもらうわけにもいかないし、東映の仕事を受けられないこともあったんです。朝6時に出発すると

※16
前原一輝
俳優。1973年生まれ。リョウマ（ギンガレッド）役。代表作は『TRICK』シリーズ（2000年～2010年）の金髪刑事・石原達也など。

※17
田崎竜太
監督。1964年生まれ。1995年、ドラマ『超力戦隊オーレンジャー』で監督デビュー。『星獣戦隊ギンガマン』（1998年～1999年）でメイン監督に。『仮面ライダーアギト』以降、仮面ライダーシリーズ作品のメイン監督を多く務めている。

※18
諸田　敏
監督。1959年生まれ。1996年、ドラマ『超光戦士シャンゼリオン』（1996年）でデビュー。『未来戦隊タイムレンジャー』（2000年～2001年）などでメイン監督など。

※19
長石多可男
監督。1945年～2013年。ドラマ『ザ・カゲスター』（1976年）でデビュー。『光戦隊マスクマン』から『地球戦隊ファイブマン』の4作でメイン監督など。

なると、準備もあるので5時には撮影所に入らないといけませんから。それで、『カクレンジャー』を機に実家を出て、自転車で撮影所に通うようになりました。近くには喜多川夫妻や渡辺実[※20]夫妻らがお住まいで、先輩の石垣さんや村上利恵など、周辺には諸先輩がけっこういたんです。ですから、食事をごちそうになったり、「飯、食いに来いよ」と招いていただいたりして、食費はずいぶん浮きました。渡辺夫妻は真隣のアパートに住んでいらして、引っ越してから知ったんです。「マジか?」って。

普段はほぼ外食でしたけど、僕は無趣味だし物欲もないタイプで、ギャンブルもやらないためお金を使うところがありませんでした。撮影がある日はロケ弁が出るし、撮影が夜にかかると夜食も出ましたから、貯金はけっこうたまりましたね。ですから、外食はじつは豪華で、寿司寿司焼き肉寿司寿司、焼き肉焼き肉寿司焼き肉焼き肉みたいな(笑)。焼き肉は練馬の決まったお店で一人焼き肉がもっぱらで、お寿司はだいたい出前でした。お酒は飲みますけど、量はさほど飲めませんね。

『カクレンジャー』の頃の僕は、遅刻気味だったんです。ですから年齢がいちばん近い、ニンジャホワイト役の村上利恵にモーニングコールを時たまお願いしていたんです。そんなこんなで面倒を見ていただき、親御さんがいらっしゃるところに神尾直子[※21]とか、出演者たちと一緒に食事に呼んでいただいたりしていました。そうしているうちに村上利恵と付き合うようになり、村上利恵は『(超力戦隊)オーレンジャー』[※22]を最後にJACを辞めて僕の実家の仕事を手伝うようになりました。そして、1998年だから、僕が30歳の時に結婚するんですね。最初は

※20
渡辺　実
スーツアクター。1962年生まれ。小柄な体型を生かし、ドラマ『バトルフィーバーJ』以降、多くの作品でスーツアクターを務めている。

※21
神尾直子
スーツアクター。1967年生まれ。ドラマ『獣拳戦隊ゲキレンジャー』(2007年～2008年)でマスターシャーフー、『魔進戦隊キラメイジャー』(2020年～2021年)でクランチュラなど。映画『がんばれいわ!!ロボコン ウララ～!恋する汁なしタンタンメン!!の巻』(2020年公開)ではロボコンを演じた。

※22
『超力戦隊オーレンジャー』
1995年3月3日～1996年2月23日、テレビ朝日系で放送。国際空軍の特別部隊・オーレンジャーのオーレッド、グリーン、ブルー、イエロー、ピンク(のちにキングレンジャーも)が、オーレンジャーロボなどでマシン帝国バラノイアと戦うスーパー戦隊シリーズ作品。

公団住宅に新居を構え、子供ができると少し広いところに移ったりしていました。

ゴーレッドとタイムレッド

この年に長男が生まれたということもあり、『ゴーゴーファイブ』は思い入れのある作品になりました。マトイを演じていた西岡竜一朗[※23]は、お芝居に対してはきわめてストイックで熱く、マトイという役柄をしっかりと作り込んでいました。「俺、こう思うんですよ。高岩さん」って、演技について2人でよく話していました。それも、「俺は、こうやりたい」ではなく、僕の意見を聞いて自分のなかで消化するという感じが多かったですね。僕も西岡に対しては、「どう思う？　どうしてみたい？」から入りましたからね。そのうえで、「それはいいね」ということでそれをやったり、「ちょっと、提案があるんだけど」となったり。お互いに尊重したうえで、必要があればディスカッションをして演技を固めていったという流れでしたね。2人で1つの役を作り上げるわけですから、こちらがごり押ししてはいけないんです。西岡も、そう考えていたんじゃないでしょうか。ゴーレッドたちはマスクから顔が透けることが多いので、西岡たちはいちばん現場にいた素面俳優じゃないですかね。ほぼ背景が映らないドアップを撮影する予定しかないのに5人が現場にいることも多く、「撮影所でも撮れるんじゃや」とは、みんなうすうす思っていた(笑)。

マトイたちのお父さん、モンド博士役のマイク眞木[※24]さんとはあまり接する機会はなかったたん

※23
西岡竜一朗
俳優。1976年生まれ。ドラマ、映画などで活躍。

※24
マイク眞木
歌手・俳優。1944年生まれ。1963年からミュージシャンとして活動、1996年には『バラが咲いた』が大ヒットした。俳優としてもドラマ『ビーチボーイズ』(1997年)などで活躍。

※25
眞木蔵人
俳優。1972年生まれ。デビューは、NHK大河ドラマ『武田信玄』(1988年)。代表作は映画『あ・うん』(1989年公開)など。

※26
柴田賢志
俳優。1975年生まれ。バンドメンバー、ウクレレ奏者としても活動。

だけど、温厚な方でした。ゲストで息子の眞木蔵人※25さんが登場した時、レスキュー対決での西岡はかわいそうでした。背負うボンベが2つしかないため、蔵人さんはアクション仕様なのに西岡のボンベは本物仕様だったんです。ボンベが重くて、西岡はヘトヘトでしたけど、やはりゲストの待遇が優先されますからね。ダイモンの柴田賢志※26はとにかく元気で、ずっと全力投球というタイプで、逆にナガレ役の谷口賢志※27とショウ役の原田篤※28はわりと落ち着いていました。そしてマツリ役の(坂口)望二香※29(現・柴田かよこ)。

『未来戦隊タイムレンジャー』※30のタイムレッドである浅見竜也は、それまであるようでなかった本当にごく普通の青年という設定です。残りの4人は未来人ですけど、パイロット(第1〜2話)での竜也はよりただの青年で、目の前で未来人のやり取りがなされ、「どういうこと? それはなに?」となるわけです。シリーズの初期に濃いそのど素人感は、僕としてはむしろやりやすかったですね。空手をやっている設定だったので、アクションは素直に空手アクションに振って、それほど苦労をした感じはありません。竜也役の永井マサル※31(現・永井大)は、この仕事が本当に初めてみたいで、やたらと目が泳いでいたんです。それで、「しゃべっている人を見ていたほうがいいよ」なんていうアドバイスをさせていただき、シリーズの真ん中くらいまではそんな感じでちょこちょことアドバイスをしていたんです。でも、後半は地に足がついてきたことが目に見えてきて、最終回近くなると顔つきや目力が半端なくなっていました。彼なりに演技を楽しんでいたから、短時間であれだけ成長したんじゃないでしょうかね。パイロットは朗らかな諸田監督だから、よかったですよ。もしも厳しい石田※32(秀範)監督だったりし

※27
谷口賢志
俳優。1977年生まれ。映画『劇場短編 仮面ライダーセイバー 不死鳥の剣士と破滅の本』(2020年公開)にも出演。

※28
原田　篤
俳優。1978年生まれ。ドラマ『GTO』(1998年)でデビュー。代表作は『仮面ライダー555』(2003年〜2004年)など。

※29
坂口望二香
俳優。1980年生まれ。ドラマ、映画などで活躍している。

※30
『未来戦隊タイムレンジャー』
2000年2月13日〜2001年2月11日、テレビ朝日系で放送。現代人・浅見竜也と未来からやってきた4人によるタイムレンジャーのタイムレッド、ピンク、ブルー、イエロー、グリーン(のちにタイムファイヤーも)がタイムロボαなどでロンダーズファミリーと戦う、スーパー戦隊シリーズ作品。

たら、心折れていましたよ。彼は本当に、純粋な若者だったんです。

ですから、レッドの役作りに関しては、永井とは特に擦り合わせたりしていないんです。それどころではなかった(笑)。おそらく、僕のレッドがどう4人と掛け合うかを見ていて、彼なりにいろいろと吸収したとは思います。最初は後ろ姿とかだけだったリュウヤ[※33]も途中からきちんと演じなくてはいけなくなりますが、永井としてはやはりナチュラルな竜也のほうが難しかったと思いますよ。リュウヤは謎めいていればいいので。シリーズを通じての永井の成長過程がダイレクトに劇中の竜也の成長に反映している部分もあって、そこがいい結果を生んでいますね。タイムファイヤーとのガチンコ率が高かったことも、よかったんじゃないですか。滝沢直人[※34]役の笠原(紳司)[※35]君とは重いドラマがあって、彼との確執的なやり取りも糧になりましたね。笠原君の芝居はきわめて安定していましたから、笠原君の演技がうまく引っ張ってくれた面もあると思います。おかげで、僕もタイムファイヤーを担当した今井靖彦と、初めてガチのアクションができましたから、そこも印象に残っています。

※31
永井マサル
俳優。1978年生まれ。ドラマ『未来戦隊タイムレンジャー』で本格デビュー。代表作はドラマ『サラリーマン金太郎』シリーズ(2008年・2010年)など。

※32
石田秀範
監督。1962年生まれ。ドラマ『特救指令ソルブレイン』で監督デビュー。映画監督作品に映画『劇場版 仮面ライダー剣 MISSING ACE』(2004年公開)、『仮面ライダーアマゾンズ THE MOVIE 最後ノ審判』(2018年公開)ほか。

※33
リュウヤ
時間保護局レンジャー隊隊長。

※34
滝沢直人
タイムファイヤーに変身する青年。

※35
笠原紳司
俳優。1974年生まれ。代表作は映画『演じ屋』シリーズ(2001年 ～ 2003年公開)、ドラマ『駄目ナリ!』(2004年)など。舞台でも活躍。

高岩成二

Photographic

ACT 2

あこがれのヒーローに!!

野外劇場のステージショーから、テレビのヒーローへ！テレビドラマの世界で高岩が演じたヒーローたちは、毎年、創意工夫を凝らした設定が光る超人たちだった。

好きだったヒーロー

少年時代に熱中したのは、仮面ライダー！だが、なぜかピープロ作品にも魅力を感じていたようだ。ナマのアクションの力なのか？

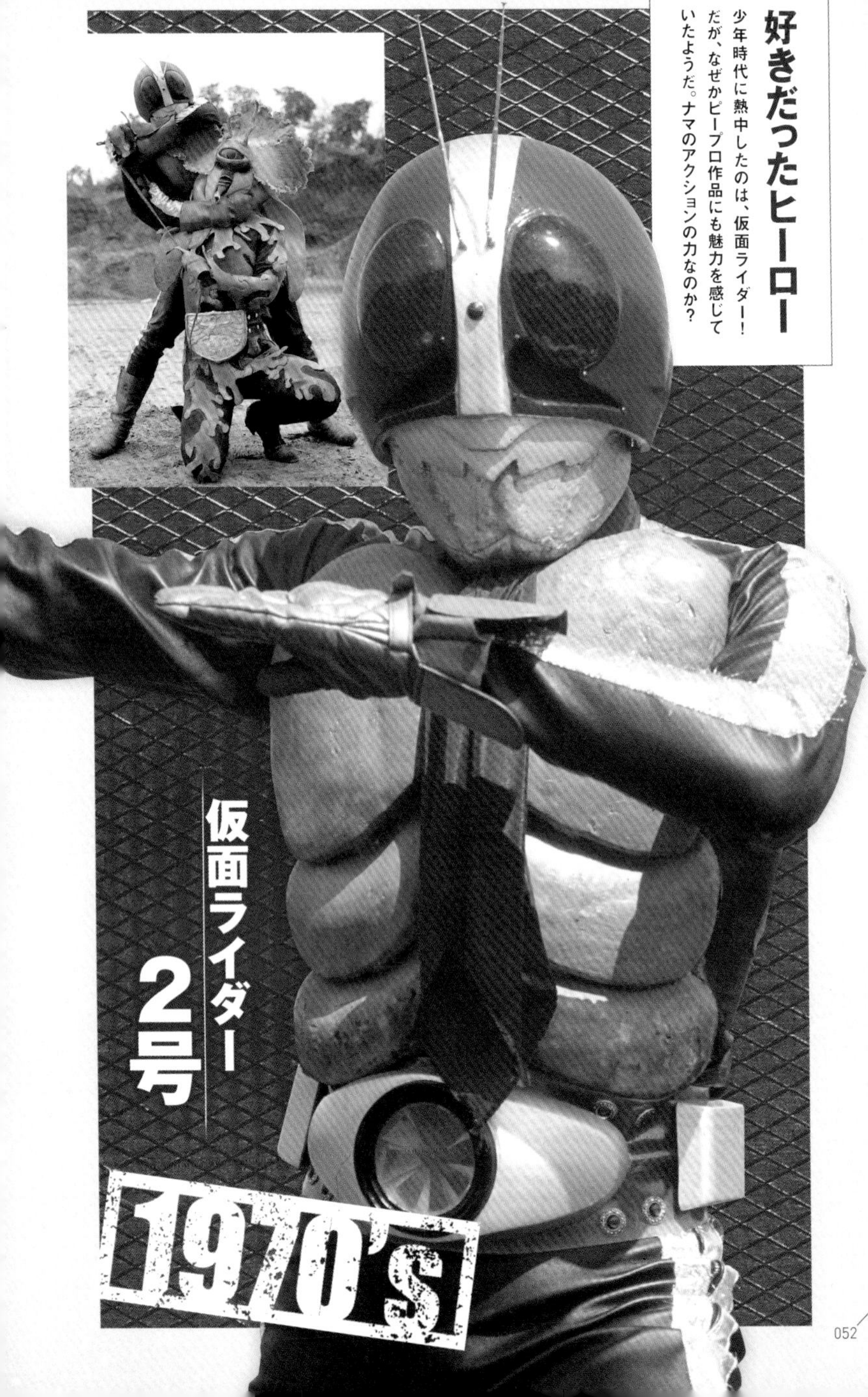

仮面ライダー2号

1970's

仮面ライダーV3

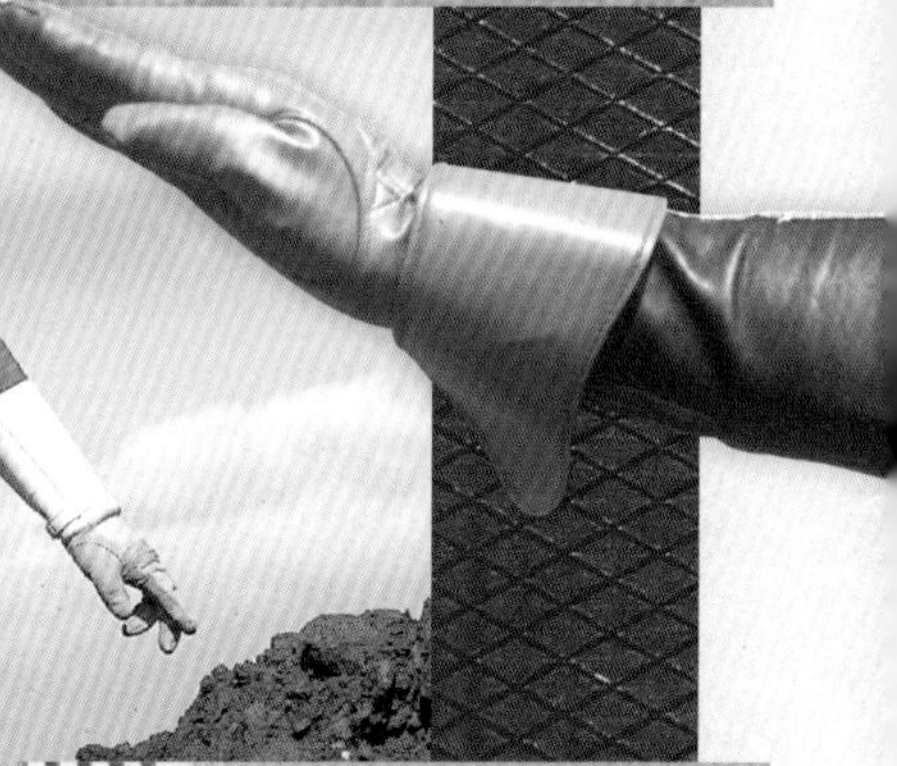

石ノ森章太郎ヒーローのインパクトには、抗しきれない？『秘密戦隊ゴレンジャー』からは、なぜかアオレンジャーマシーンがノミネートされることになる。

アオレンジャーマシーン

六人目の英雄(ヒーロー)!初・本格的にヒーロー!!
最初に本格的にテレビでヒーローを演じたのが、ティラノレンジャーの兄、ブライことドラゴンレンジャー。敵として登場する、インパクトのある役どころである。
ドラゴンレンジャー
1992年

魔剣ヘルフリード

結局、高岩がドラゴンレンジャーを演じたのは、悪役時期の登場4話と落命するまでの数話だという。悪役時期は、そのまま巨大化するという珍しい展開が印象的。

忍者でござる

「スーパー戦隊」のレッドヒーローに抜擢される。忍者アクションもさることながら、「スーパー戦隊」はロボを演じることがあるので、そちらも大変である。

1994年
ニンジャレッド

……それからのニンジャレッド

ニンジャレッドは、その後も活躍している。近年もさまざまな機会で、レジェンドヒーローは登場しているが、ニンジャレッドをちゃんと高岩が演じていることがあるのだ。

海賊戦隊ゴーカイジャー
2011年

「スーパー戦隊」35作記念の『ゴーカイジャー』の第1話では、全ヒーローが大集合という無茶！ この時のアカレンジャーはオリジナルの新堀和男で、バルパンサーは伊藤久二康。ニンジャレッドは、高岩である。

スーパー戦隊ワールド
1994年

東映がイベント用に制作した、3Dの短編映画。5大スーパー戦隊レッドとそのロボが登場し、現役ヒーローはカクレンジャーなので、高岩がニンジャレッド。

ココ!

手裏剣戦隊 ニンニンジャー 2015年

第7～8話はお祭り編で、ニンジャレッドがゲスト出演。高岩もスケジュールが許す限りニンジャレッド役で参加し、体がポーズを覚えていることに自分で驚いていた模様。

1995年 昆虫戦士だ!!

人間が変身する昆虫戦士という設定のブルービートは、激しいアクションシーンが一段と多いキャラクターだった。

ブルービート［アクション］

岡元次郎と日下秀昭が担当したアップ用、FRP製の衣装とは異なり、高岩のスーツはウレタン製。セルフ改造した結果、かなり動きやすくなったという。

1996年
ビーファイターカブト［アクション］

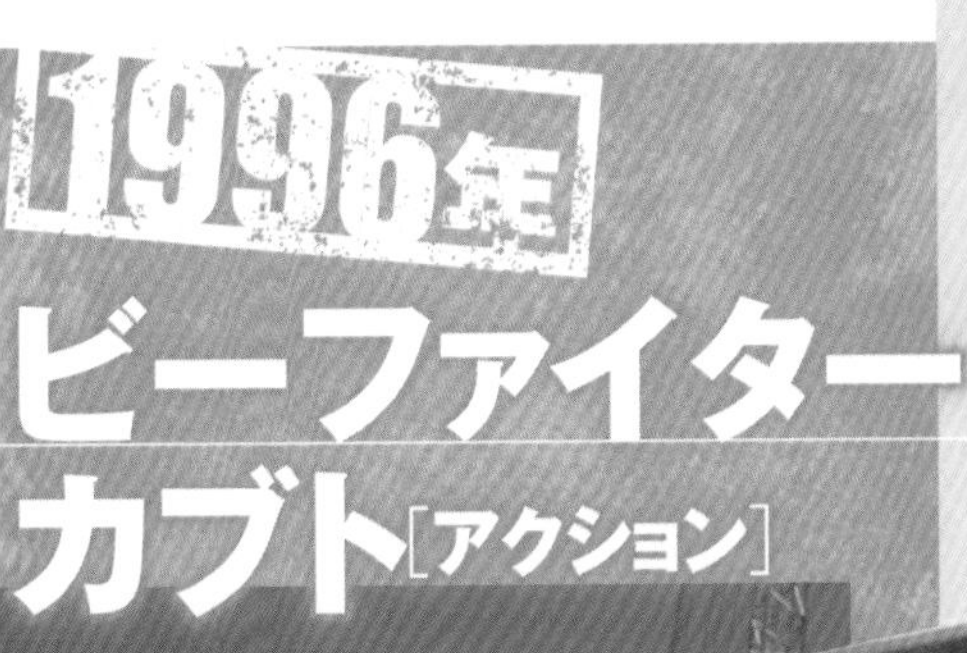

インセクトヒーローの続編も、アクション重視の作風となった。この作品において、高岩は複数のヒーローを演じており、その演じ分けもさすがの出来である。

ビーファイターゲンジ

ビーファイターヤンマ

フリオ・リベラ

ビーファイターゲンジに超重甲する
ペルーの考古学者を演じ、物静かな雰囲気が高岩に調和する。ビーファイターテントウこと鮎川蘭とのロマンスが、ちょっとある。

再びスーパー戦隊

20世紀のフィナーレを飾るスーパー戦隊と2000年代初頭でレッドヒーローを担当し、リアリティのあるヒーローの演技を追求、仮面ライダーの礎となる。

1997年 メガブルー

中央に立たないスーパー戦隊ヒーローが、新鮮だった！　演技の自由度が担保され、その個性を深く追求することができたという。

1998年 ギンガレッド

星獣ギンガレオン

銀星獣ギンガレオン

野獣的なポーズがキツかったという、ギンガレッド。このシリーズではレッドに紐づく星獣と銀星獣も担当し、四足歩行のアクションがより大変だったという。

ゴーレッド

1999年

巽マトイを演じた西岡竜一朗の真っ直ぐなイメージを体現する、ドストレートなアクションが魅力。この時期は、変身前後の同一感が、ますます進化している。

2000年

唯一の現代人であり、かつ普通の青年である主人公を絶妙に表現。そこに、変身前を演じる永井 大をイメージする空手の味を加える。

タイムレッド

リュウソウブラック［マスター］

マスターブラックを永井 大が演じたつながりで、マスターが変身するリュウソウブラックを担当。ちょっとした遊び心が嬉しい。

2005年
マジレッド

マジフェニックス

この年は「スーパー戦隊」だ。仮面ライダー響鬼は、伊藤 慎が担当。マジレッド以外に巨大戦士のマジフェニックスも演じた。

本人としては、40代がどう高校生を演じるかがポイントだった。父との確執や兄弟愛など、大げさに振ることができるシチュエーションが満載な設定は、幸いだった。

「スーパー戦隊」に仮面ライダー

動物戦隊ジュウオウジャー 2016年

春の劇場映画をアピールする第7話にて、高岩が演じる仮面ライダーゴーストがゲスト出演。ジュウオウゴリラとシオマネキングを倒す展開になる。

宇宙戦隊キュウレンジャー 2017年

劇場版アピールのために仮面ライダーエグゼイドが第7話に登場。2人で、スペースイカデビルを粉砕する。

第四章

平成仮面ライダーに突入

仮面ライダーにチェンジして

タイムレッドをやっている時に事務所から来年の話が来て、「仮面ライダーをやってもらうから」っていう連絡でした。それで、「あ、(スーパー戦隊を)クビになったのかな」と思って、竹田さんに連絡をするんです。すると、「クビじゃねえよ、(お前を)取られたんだよ」っていうことでした。クウガ[※1]をやっていた富永(とみなが)[※2](研司(けんじ))が次はやらないということで、人を探していたけれど、全員が断ったみたいで、有無を言わせない感じで僕になったらしいんです。

当時は年が明けてすぐ、「仮面ライダー」の放送が「スーパー戦隊」より3週間ほど早く始まるくらいのイメージでしたから、シフトの切り替えはギリギリでした。仮面ライダーを優先しはしたんですが、タイムレッドもきちんとやり切りたいので、お願いして極力両方をやっています。それで、『仮面ライダーアギト』[※3]が始まった最初の頃は1時間の間に自分の名前が2回クレジットされ、「すごいぞ、俺」って(笑)。

フィッティングはレインボー[※4](造型企画)さんへ行きました。クウガは富永が1年間ほぼ1人

※1
仮面ライダークウガ
2000年1月30日～2001年1月21日、テレビ朝日系で放送された同名ドラマの主人公。五代雄介が変身、未確認生命体グロンギと戦う。仮面ライダーシリーズ作品。いわゆる平成仮面ライダー第1作。

※2
富永研司
スーツアクター。1970年生まれ。クウガのスーツアクターを務める。ほかに『仮面ライダーセイバー』(2020年～)など。

※3
『仮面ライダーアギト』
2001年1月28日～2002年1月27日、テレビ朝日系で放送。津上翔一が仮面ライダーアギトに変身、G3、ギルスとともに、アンノウンと戦う。仮面ライダーシリーズ作品。

でやっていたけど、『アギト』では仮面ライダーが3人体制になり、G3[※5]は伊藤慎[※6]で、ギルス[※7]は押川善文[※8]でした。その頃の押川は『タイムレンジャー』で怪人をやっていて、まだ2年目か3年目の新人だったんです。竹田さんは僕だけじゃなく、押川も「仮面ライダー」に取られるからこそ、押川をとことん仕込むんです。「バカ野郎」って、それは厳しく。「お前、来年はライダーなんだろ！」って。竹田さんは押川を買っていたと思うんです。竹田さんの声のトーンから、悔しさはにじんでいましたよ。押川も頑張ってそれに応え、半べそでよくやっていました。そうやって『アギト』が始まると、僕も頑張ろうという気になり、伊藤と押川の3人で「視聴率上げてやっからな」って。すると、ありがたいことに視聴率がどんどん上がり、『仮面ライダークウガ』からの弾みもあったのか13・9％をマークしたんです。

『クウガ』を観て「子供番組にしては重いな」と思っていましたけど、田﨑さんが監督をした『アギト』のパイロットにも朝にはキツい描写がけっこうあって、「スーパー戦隊」とは根本的に違う思想で組み立てられているんだなと理解しました。そして台本を読んでみると、ビックリするくらいアギトがしゃべらない（笑）。劇中のアギトの設定は、謎の存在ですからね。警察組織からも世間一般からも謎なわけですから、しゃべったらぶち壊しなわけです。そこで、アギトは1年間、徹底してしゃべらなかった。そんななか、アギトがしゃべったことが一度だけありました。僕が、アドリブで勝手にしゃべったんです。主人公で記憶喪失の津上翔一が自分がアギトであることを認識し、現実を受け入れ、再び戦い始めるといったところででした。G3が武器を使うんですがうまく当たらず、アギトがその武器を取ろうとしてもみ合い、「僕

※4
レインボー造型企画
1981年創立。ドラマ『太陽戦隊サンバルカン』をエキスプロから引き継いで以降、仮面ライダーシリーズ、スーパー戦隊シリーズ、メタルヒーローシリーズほか多くの作品のキャラクターの造形の製作を担当している。

※5
仮面ライダーG3
主に警部補・氷川誠が強化服を装着した姿。Ｇ３を基にした強化型や量産型も存在する。

※6
伊藤　慎
スーツアクター。1975年生まれ。子役時代、ドラマ『じゃあまん探偵団魔隣組』(1988年)出演。『仮面ライダー響鬼』(2005年～2006年)では響鬼を務めた。

※7
仮面ライダーギルス
葦原涼が変身する。アギトの不完全体。変身の度に後遺症が見られた。戦い方は野性的。

がやります」的なことを言うんですね。あそこではセリフがないと、あの流れが成立しないと思ったんです。それで、「もう、しゃべっちゃおう」と。アドリブでしたけど演出に採用していただけ、ちゃんとアフレコに反映されています。

賀集(利樹)[※9]は屈託のない人間で、年齢が近いこともあって仲良くしていましたけど、それまでのレッドのときのように役を作るうえで話し合うとかいうことはしませんでした。シリーズ前半の翔一は記憶がないわけですから、アギトは僕の一存で演じていたんです。それでアギトが覚醒して翔一の意思で戦うようになった頃は賀集とけっこう分かり合っていて、僕の動きをちゃんと見ていてくれるので、改めて賀集と話し合うこともなかったんです。あと回想シーンで僕がやっている、翔一のお姉さんがアギトに覚醒するシーンは印象的ですね。のたうち回って「来ないで!」だけなんですけど、ちょっと脇を締めて足も開かないようにして女性を意識しています。初めて、女の人の役をやっているんですよね(笑)。

痛い! 暑い! 寒い!

アクション監督は山田一善[※10]さんで、アギトのアクションスタイルは山田さんのなかで決まっていました。刀の居合といった武士道的な空気感に空手もちょっと入ったというもので、賀集の変身ポーズは、手を突き出した手刀のイメージから帯を締める所作ですし、ライダーキックは刀を腰に収めてからジャンプといった表現です。そのアギトのアクションでみんなが意識し

※8
押川善文
スーツアクター。1977年生まれ。ドラマ『特命戦隊ゴーバスターズ』から『烈車戦隊トッキュウジャー』までの3作でレッドのスーツアクターを務めた。

※9
賀集利樹
俳優。1979年生まれ。ドラマ『仮面ライダーアギト』でデビュー。代表作はドラマ『はぐれ刑事純情派』第15シリーズ(2002年)など。

※10
山田一善
スーツアクター・アクション監督。1959年生まれ。『巨獣特捜ジャスピオン』(1985年～1986年)『時空戦士スピルバン』(1986年～1987年)、『超人機メタルダー』では主役のスーツアクターを務める。

※11
シマウマの怪人
ドラマ『仮面ライダーアギト』第11話「繋がる過去」(2001年4月8日放送)、第12話「湖の激突!」(同4月15日放送)に登場したゼブラロードのこと。

たことは、当時のビデオ撮影ゆえのことでした。ビデオ機材がまだ撮り切りみたいなイメージで、撮影時にコマの速度を上げるとか、映像の調整ができませんでした。スローとか早回しとかができないので、自分がアギトを演じた時のスピードが、そのまま完成作品のアギトのスピードになるわけです。それでアクションの尺が少し長いと、冗長に感じてしまうんです。そのため、アクション監督の判断で、1つのアクションのカットを相当細かく割ることによって、スピード感を演出していました。ということは、こちらは細かく割られたカットの数だけ、その演技を何度もやるわけで。プレーヤーには、けっこう負担がかかるシステムだったんです。

アギトの衣装は、アップ用のスーツのベースはウエットスーツで、アクション用も伸縮性はそこそこあるもののやはりゴム素材でした。「スーパー戦隊」の布地と較べるとかなり動きにくく、甲冑系ですからパーツが体に当たると痛いんですよね。あとは、熱が籠もるんですね。夏は暑くて冬は寒かったんです。あの夏は、なんと東京で42度にも達したことがあって、スクリプターさんが、「今39度だって……、あっ、40度になった！」なんてことをずっと気にしている。「お願いだから、言わないで」でしたね(笑)。塩は必要だから舐め舐め、最初は冷水が欲しかったんだけど、お腹にたまるだけで体に負担があったんです。それで白湯(さゆ)を用意してもらって、それを飲むようにしたら体が楽になりました。

あの年の冬は冬で極寒で、夜はさらに寒かった。トランポリンやマットが凍り、スーツの甲冑を干していたら霜が降りている。※11シマウマの怪人の時も寒いナイターで、富士五湖での水中キャメラの撮影は昼間でしたけど、その豊富なキャメラ知識を生かして水中撮影を担当した宮

※12
アナザーアギト
ドラマ『仮面ライダーアギト』に登場した、エルロードの因子を受けたアギト。木野薫が変身した。

※13
ヒールクロウ
仮面ライダーギルスの踵にある伸縮する爪、またはその爪を伸ばした状態での踵落とし(ギルスヒールクロウ)のこと。

※14
『パワーレンジャー』
『Mighty Morphin Power Rangers』(1993年～1996年)を皮切りに製作された、スーパー戦隊シリーズを英語版ローカライズした、アメリカのテレビドラマシリーズ。田﨑監督が携わったのはパワーレンジャーシリーズの『Power Rangers Lost Galaxy』(アメリカ放送1999年)と『Power Rangers Lightspeed Rescue』(アメリカ放送2000年)の2作。

崎さんはものすごく寒かったようで、撮影後もしばらく震えが止まらない様子でしたね。

アクションもドラマである

G3やギルス、アナザーアギト[※12]など、ライダー同士がぶつかる描写も多く、そこも見せ場なんですけど、いかんせん、押川は経験と較べてかなりの抜擢でしたから、現場の流れの把握もまだまだだったんです。ギルスはパワー系のキャラで、いつも「うわぁぁぁ！」といった振りでしたからね。押川には初のヒーロー役という気持ちもあって、それを全力投球でやるわけですよ。夏場には、本当に倒れかかっていました。宙返りとかヒールクロウ[※13]とかも多いので、しんどかったでしょうね。

いろいろなことはありましたけど、『アギト』については、細かなアクションがどうのこうのということよりも、お芝居の部分が本当に濃い作品だったということにつきます。田崎さんも『(マイティ・モーフィン)パワーレンジャー』[※14]を経験して帰ってきて間もない時期ですから、パイロットに始まるその演出にも海外で学んできた撮影手法が活かされていたように思います。それがあってか、この時期、撮影においてのスタッフの認識も根本的に変わっているんですね。お芝居の濃さに引っ張られた面もあり、僕らのアクションも人間の芝居であり、ドラマそのものであるという気持ちで取り組んでいたように思います。あくまでもドラマを撮っているんだっていう感覚を、現場のみんなが共有していたんじゃないでしょうか。

※15
『仮面ライダー龍騎』
2002年２月３日～2003年１月19日、テレビ朝日系で放送。城戸真司が変身する仮面ライダー龍騎は他の12人の仮面ライダーたちと生き残りを懸けた戦いを繰り広げる。仮面ライダーシリーズ作品。

※16
仮面ライダーナイト
『龍騎』に登場する仮面ライダー。秋山蓮が変身し、龍騎とともにミラーモンスターを倒していく。

※17
ミラーワールド
鏡の中にある、左右反転させた現実世界そっくりの世界。しかし住人はミラーモンスターと数少ない人間だけ。鏡以外でも鏡面化しているものなら出入り口となる。

※18
須賀貴匡
俳優。1977年生まれ。ドラマ『仮面ライダー龍騎』の城戸真司役でテレビドラマデビュー。『魁!!クロマティ高校 THE★MOVIE』(2005年公開)で長編映画初主演。

反転した世界での動きと役作り

次の『[15]仮面ライダー龍騎』も僕でいくということを聞いたのは、『アギト』のわりと終盤、次の諸準備にはギリの時期でした。後で聞いたんですけど、何人かのプレーヤーが検討されたらしいですよ。コンビ的に動くことが多い仮面ライダーナイト[16]は伊藤でしたから、そこはやりやすかったんですけど、困ったのはミラーワールド[17]です。反転した世界ですから、映像を左右逆版にすることを前提に撮影を進めます。ですから、現場では武器関係はほとんどを左腕でやらなくてはいけないんです。キックは左足でのキックですし、本当にやりづらかったです。

アクション監督は宮崎さんで、初のメインですから張り切っていらして、撮影についても毎回、いのくまさんと入念に打ち合わせをされていました。フィルムの回転速度とかもいじれるようになっていたので、そのあたりも試行錯誤していて、いのくまさんはそんなチャレンジを楽しんでおられたようです。主役の須賀[18](貴匡)はいい意味でチャラい人間で、すごく人当たりがいいんです。僕が演じている龍騎を見て、彼も城戸真司という人物像を作り始めました。僕もそれに応じて龍騎を真司に寄せていくようにして、結果としてしっくりするキャラクターになりましたね。相対するナイトはクールですからね、龍騎は漢気キャラということで、温度差を表しやすかったです。ゴーレッドの頃から意識していた、人間臭さを出したいという部分で、龍騎はカッコよくはやらないことをポイントにしています。真司は戦うスキルを持ってい

※19
『仮面ライダー555』
2003年 1 月26日 〜 2004年1月18日、テレビ朝日系で放送。乾巧が変身した仮面ライダーファイズは、スマートブレイン社のオルフェノクと戦いを続ける。仮面ライダーシリーズ作品。

※20
半田健人
俳優。1984年生まれ。乾巧役。2002年、ドラマ『ごくせん』でデビュー。代表作は『おとり捜査官・北見志穂』シリーズ(2006年〜2017年)など。

※21
『平成ライダー 対 昭和ライダー』
映画『平成ライダー対昭和ライダー 仮面ライダー大戦feat.スーパー戦隊』(2014年公開)。

ませんから、その戦いはガムシャラな動きで蹴り倒すとかであって、きれいな動きにはなりません。吹っ飛ばされて転がったときには必ず頭を打って「いったー」となるとかも、意図的にやっています。あとは、お尻をかくとか、真司らしく小ボケをちょっと滑り込ませたりしていますね。それが人間味というか、「カッコ悪いカッコよさ」なんですよね。

愛想のない乾巧

『[※19]仮面ライダー555(ファイズ)』のファイズ役でもお話をいただき、主人公が放浪の旅に出ているという設定だったので九州のロケーションからスタートしました。炭鉱の跡でのナイトシーンで、11月だし霧雨続きなのでめちゃ寒かったんです。まずは[※20]半田健人(はんだけんと)の芝居を見てから役作りについて考えようと思ったんですが、半田もまだ場数を多く踏んでいるわけではなかったため、その演技はフワッとしていました。田崎監督の演出を見ていても、なかなか半田が演じている乾(いぬい)巧(たくみ)のキャラがつかみきれなかったんです。それで、僕なりに解釈して始めてみようと考えました。愛想のない人物であることは感じられたので、戦うスタイルをアギトや龍騎とは大きく変え、やや乱暴者的な味付けでいくことにしたんです。やさぐれ感もありますね。アクション監督の宮崎さんに相談をしないままでやっちゃったんですけど、特になにも言われなかったので、そのまま推し進めてしまった感じです。後年の劇場版、『[※21]平成ライダー 対 昭和ライダー』で巧は[※22]Xライダー(エックスライダー)の[※23]速水亮(はやみりょう)さんとの掛け合いを演じたり、『[※24]仮面ライダージオウ』のゲ

※22
Xライダー
仮面ライダーX。1974年にNETテレビ系で放送された仮面ライダーシリーズ作品『仮面ライダーX』の主人公。神敬介が変身して、GOD機関と戦う。

※23
速水　亮
俳優。1949年生まれ。『仮面ライダーX』で神敬介を演じた。映画『あゝ陸軍隼戦闘隊』(1969年公開)でデビュー。ドラマ、映画、舞台などで活躍。

※24
『仮面ライダージオウ』

2018年9月2日～2019年8月25日、テレビ朝日系で放送。常磐ソウゴが変身する仮面ライダージオウは、タイムジャッカーが生み出したアナザーライダーと戦う。仮面ライダーシリーズ作品。

※25
ウルフオルフェノク
乾巧はかつて火事で死に、ウルフオルフェノクとして覚醒していた。

ストで登場したりしてしまいますけど、どちらも無愛想さがより増していました。それを見て、十何年経ってようやく2人の演技がリンクしたなとは思っていました。

その巧がオルフェノクだったという流れは、濃いですよね。ウルフオルフェノクも僕が演じていますが、ファイズとは表現を変えています。スーツの造形もウルフ寄りで躍動感があるので、ファイズ的なやさぐれ感は入れていません。生命力はちゃんとあって、雰囲気は怪人よりウルフにもっていき、姿勢を低くして爪を立てるかのようなしぐさです。全体に獣っぽいってことですね。それで戦いの後に芳賀優里亜(はがゆりあ)[※26]さんから「やめて、巧！」なんて声をかけられて振り向くんですが、ファイズのときは手の動きを止めてから振り向くところを、オルフェノクのときは「ガァァ」とか言っているところからダイレクトにバッと振り向く。どちらも巧ではあるんだけど、差をつける必要はある。ファイズはほぼ人間の動きになるけど、オルフェノクは人間に近い動きにはならないだろうなということですね。あと、『アギト』にも出演していた山崎(潤)(やまさきじゅん)[※27]君が変身する、センチピードオルフェノクも一度やっています。泉(政行)(いずみまさゆき)[※28]君のホースオルフェノクと唐橋充(からはしみつる)[※29]のスネークオルフェノク、それとセンチピードの三つ巴があった時、宮崎さんに命じられたんです。おそらく宮崎さんは山崎君が演じた琢磨逸郎(たくまいつろう)のインテリっぽい部分の表現を僕に求めたと思うんです。それであまり構えずにかわし、手数少なく攻撃するとかをしていますけど、なんかファイズに似ていますよね。

そのファイズも、何人もの人間が変身しています。最初の頃[※30]、マンティスオルフェノクの青年がファイズギアを奪うじゃないですか。その時は、ムードを変えるため、伊藤がファイズを

※26
芳賀優里亜
俳優。1987年生まれ。園田真理役を演じる。代表作は映画『赤×ピンク』(2014年公開)、『虎影』(2015年公開)など。舞台も多数出演。

※27
山崎　潤
俳優。1973年生まれ。ドラマ『仮面ライダーアギト』では北条透、『仮面ライダー555』では琢磨逸郎を演じた。

※28
泉　政行
俳優。1980年～2015年。木場勇治を演じる。代表作はドラマ『科捜研の女』第5～第11シリーズ(2004年～2011年)など。

※29
唐橋　充
俳優。1977年生まれ。海堂直也を演じる。代表作はドラマ『侍戦隊シンケンジャー』(2009年～2010年)の腑破十臓など。

やっているんです。でも、なんか違ったんでしょうね。変身者が違うときもファイズは僕がやるということになり、同じく変身者が替わってもカイザは伊藤が演じることになりました。カイザもよく中身が違う設定でしたからね、やっていて頭がごちゃごちゃになったことがありました。それで立ち回りの時に一度、伊藤に聞いたことがあるんです。「このカイザ、誰？」って。で、「これは草加です」と言われて、「じゃあ、普通に敵対していいんだ」って(笑)。

監督と演者

木場(勇治)のファイズは難しかった。石田監督の演出の時でしたけど、散々でしたね。石田監督は、真の映画職人ですから。その石田監督の指導でテイク十いくつまでNGを出しても、どうしても木場がつかめなかったんです。なにをどうやっても、「それ巧だよ、もう1回やって」ってなってしまい。その1カットに1時間近くかかって、「ヤバい、現場止めちゃってるよ、俺」。その後、なんとかOKはいただいたんですが、やっている自分でも違うとは思いました。泉君の癖を入れていたし、木場的な芝居の間も加えていたつもりだけど、表からは巧に見えてしまう。僕的な都合のいい解釈なんですが、おそらく、巧と木場はどこか似ている存在なんでしょうね。だから監督から見ると、どちらも巧だったのかなと……。そういった部分では、唐橋の海堂直也が変身するファイズはやりやすかった。海堂はチャラいですからね。チャラいっていう感じはわかりやすいし、唐橋は自分のお芝居で、うまく個性を出してくれていま

※30
最初の頃
第４話「おれの名前」(2003年２月16日放送)。

した。あの若さで、あの個性を出せているのは、すごいことですよ。

『555』でテレビ朝日から田村直己[31]監督がいらして、局のディレクターさんの演出は初めてなので、どんな人なのかという部分にも興味がありました。すると年齢は1つ違いか同じくらいのフランクな方で。それまで僕が見てきた東映の監督は、活動屋としての血が騒ぐといったタイプの方が多く、どちらかといえば厳しく演者を育てていくスタイルでした。それに対し、田村監督は、「いいね、いいですね」「でも、もうちょっと行ってみましょうか」という感じで、演者をグイグイ盛り上げて乗せていく。田村監督は、アクションパートも楽しんでいましたよ。宮崎さんのアクションコンテに僕が色を加えると、「いいですね！」って、すごく盛り上げてくださる。たしか田村監督のエピソード[32]ですね、ラストの立ち回りの時、それまで使われていたエンディングじゃなく、オープニング主題歌がかかったんです。オープニングが使われたのはおそらく初めてで、オンエアを観た時、「オープニングきた！」って思い、気持ちが高揚したことを覚えています。視聴者の皆さんの多くがそうだったんじゃないですかね。

劇場版も盛り上がった

『555』[33]の劇場版についてはいまだに理解が足りないところがあって、あれってパラレルワールドでいいんですよね。当時、オルフェノクの世界での物語であり、1万人のエキストラに集まっていただくと聞き、「今回の映画はスゴイな」と、特に期待しました。アリーナの真

※31
田村直己
監督。ドラマ『ドクターX～外科医・大門未知子～』シリーズ（2012年～）などを監督。『仮面ライダー響鬼』以来、仮面ライダーシリーズも多く監督している。

※32
田村監督のエピソード
第17話「巧、復活」（2003年5月18日放送）。

※33
『555』の劇場版
映画『劇場版 仮面ライダー555 パラダイス・ロスト』（2003年公開）。監督・田﨑竜太。スマートブレインにより、人類がほぼオルフェノクとなった世界。残された人々は救世主ファイズの帰還を信じていたが、現れたのは記憶を無くした巧だった。

ん中で戦うことが、非常にこっぱずかしかったです。ほかのときにはない大変さは、衆人環視のなかなもので、マスクを外した状態で現場に出ることができなかったことです。アリーナの真ん中でのキャメラテストは代役にやってもらい、僕らはそれを見て段取りを覚えてから面をつけ、撮影場所へ出ていってエキストラの方たちに挨拶してから、伊藤の仮面ライダーオーガ[※34]を相手に本番の立ち回りをやって一発でOKをいただいたんです。客席での戦いも結構きつかったですね。あとは、観衆の描写や人間が1万人もいるんだということがわかるような映像の撮影もしていたので、エキストラ関連の撮影は1日やっていました。当時はドローンがありませんから、ラジコンのヘリにキャメラを搭載して、観客を空撮したりもしていました。

バスを爆発させるとか、大きな仕掛けの多い映画でしたね。吊りのシーンも、当時としては多かったのかな。あの時、アクセルフォームと戦った空を飛ぶ仮面ライダー[※35]になる台湾の俳優さん、ピーター・ホー[※36]さんの変身がまた、カッコよかったんですよ。変身アイテムを無造作に放り投げてからそれをキャッチして、ガン！　とベルトに突っ込んで「変身！」。「くそう、カッケーな」って、正直思いましてて。ピーターさん本人もすごくカッコいい人だったので、いろいろと悔しかった。変身するとスーツの中は永瀬（尚希）[※37]なんですけど、身長がちょっと縮むんですよね（笑）。

※34
仮面ライダーオーガ
木場勇治が変身する。すさまじいパワーは、ファイズをも圧倒する。

※35
空を飛ぶ仮面ライダー
仮面ライダーサイガのこと。スマートブレイン親衛隊のレオが変身する。

※36
ピーター・ホー
俳優。1975年生まれ。映画『バタフライ・ラヴァーズ』（1994年公開）で俳優デビュー。香港・台湾・韓国の映画やドラマでも活躍。

※37
永瀬尚希
スーツアクター。1970年生まれ。ドラマ『仮面ライダー龍騎』で仮面ライダータイガ、『仮面ライダーカブト』（2006年～2007年）でスーツアクターを務めた。

第五章

ブレイドを演じてからのマジレッド

『仮面ライダー剣(ブレイド)』における石田監督

『555』の九州ロケが雨で寒いと思っていたら、次のシリーズの『仮面ライダー剣』[※1]は雪でした。オープニングを雪の中で撮影していますし、仮面ライダーカリスが初めて出てくる志賀高原でのロケも一面の雪の中で撮影していました。『仮面ライダー剣』には、アクションシーンを増やそうという狙いがあったようで、石田監督のパイロットではナイトシーンで初変身をしましたけど、確かにアクションは多かったような気がします。シリーズの前半は特に、仮面ライダーの状態でのお芝居をたくさんやっていたようにも思いますね。

石田監督は『剣』が初のメイン監督でしたから、本当に力が入っていました。オープニングの撮影にはキャメラを5台くらい使っていて、同時に5台を回したシーンもあったと思います。すべてが、石田監督の世界観で構成されていますね。石田監督はドラマに徹底的にこだわって撮る方なんです。木場が変身したファイズの時みたいに。『剣』においては、その要求により容赦がなかったと思います。マスクから表情が透けて見えるような演技ができないと、

※1
『仮面ライダー剣』
2004年1月25日～2005年1月23日テレビ朝日系で放送。BOARDの職員・剣崎一真はアンデッドとの戦いの中で、仮面ライダーギャレン、カリス、レンゲルと出会う。仮面ライダーシリーズ作品。

※2
『剣』夏の劇場版
映画『劇場版 仮面ライダー剣 MISSING ACE』(2004年9月11日公開)。監督・石田秀範。戦いを終えた剣崎たちの前に、アンデッドと見知らぬ3人の仮面ライダーが現れた。

石田監督は絶対に納得されませんね。それで、夏の劇場版[※2]の時です。石田監督に挑戦してみようと思ったんです。『アギト』の時の動かない芝居をバージョンアップして、完全なるノーリアクションの効果を狙ってみようと。黒田勇樹(くろだゆうき)[※3]君がセリフを話しながらブレイドに近づいてくるシーンで、話を聞くブレイドがカットバックで挿入されるんです。そのカットバックはわりと長かったんですけど、監督がカットをかけるまで、微動だにしませんでした。黒田君のセリフに対するリアクションの芝居は、心の中だけでやっていました。監督には相談しないでいきなりでしたから、内心はめちゃめちゃ、怖くて怖くて、「ＯＫ出るかな、これ？」っていう不安に耐えながら。実際には5秒くらいのことだと思うんですけど、とにかく限りなく長く感じましたね。で、「いいよ、ＯＫ」と言っていただいたときは、心の底から「やった！」でしたね。

宮崎さんと新堀さん

アクション監督は宮崎さんで、ブレイドのアクションについて宮崎さんから特別な注文などはありませんでした。この頃になると、だいぶ任せていただいています。アクションスタイルについては、職業ライダーという特徴がありましたので、訓練されているということで、手慣れた雰囲気を感じさせるような剣術にしています。構え1つでも、どちらかというと様になるほうに寄せました。武器のさばき方などについては、造形物のバランスの具合やギミックの扱いやすさを勘案させていただき、キャメラに対してちょうど収まりのいい見せ方なんかを作っ

※3
黒田勇樹
俳優。1982年生まれ。仮面ライダーグレイブを演じた。NHK大河ドラマ『武田信玄』(1988年)でデビュー。代表作はドラマ『名探偵 明智小五郎』シリーズ(1994年～1999年)など。

※4
醒剣 ブレイラウザー
ブレイド専用の剣タイプのカードリーダー。武器としての威力も強力。

※5
『仮面ライダー響鬼』

2005年1月30日～2006年1月22日、テレビ朝日系で放送。魔化魍を退治する組織「猛士」のヒビキが仮面ライダー響鬼に変身、仲間と共に戦いを続ける。仮面ライダーシリーズ作品。

ていきます。スチールのためのポーズなども、そのようにして決めています。醒剣(せいけん)ブレイラウザー[※4]については、バラバラって扇のように広がるカードホルダーのギミックがやっかいでした。スーツの作りが甲冑タイプですから腕が突っ張ったりして、ホルダーの収納部の位置が遠いカードがうまく取れなかったり、剣の角度を変えて体に近づけてみると、別の部分からカードが抜け落ちてしまう。この時ばかりは、剣の扱いについて宮崎さんに相談していますね。

終盤では、新堀さんがアクション監督をやられています。宮崎さんが、新番組のほうへ行かれたからですね。新堀さんは撮影のいのくまさんとは「スーパー戦隊」で旧知も旧知ですからね、いちいち話す必要がないレベルで通じ合っていたとは思いますけど、いきなり、全部渡されちゃうんですよ。「高岩、お前ちょっと、こういうのあんだろ? それ、やって」とか、「なんか、バツーン、バツーンとだな」という具合に、いつの間にか託されてしまう。指示の感じもまるで、ウチの金田社長の世界なんですよね(笑)。あとは、「テレビ観たんだけどよ、難しくて話がよくわかんないよな」なんてことも。「そうでしょ、そうでしょ」って(笑)。

「スーパー戦隊」に戻ってみて

『仮面ライダー響鬼(ヒビキ)』[※5]の響鬼さんは伊藤が担当することになったので、その年は『魔法戦隊マジレンジャー』[※6]のマジレッドをやらせていただきました。事務所から「来年は『スーパー戦隊』でレッドをやってもらうから」って聞いた時、「マジ? 本当に?」ってビックリしつつ

※7
福沢博文
スーツアクター・アクション監督。1970年生まれ。大野剣友会からレッドアクションクラブへ。ドラマ『激走戦隊カーレンジャー』以降、悪役レギュラーを多く務め、『百獣戦隊ガオレンジャー』以降は9作品でレッドを務めている。『特命戦隊ゴーバスターズ』(2012年～2013年)以降はスーパー戦隊シリーズのアクション監督に。映画『ガメラ3　邪神覚醒』(1999年公開)ではガメラのスーツアクターを務めた。

※6
『魔法戦隊マジレンジャー』
2005年2月13日～2006年2月12日、テレビ朝日系で放送。魔法を使えるようになった小津家の5人兄弟、マジレッド、イエロー、ブルー、ピンク、グリーン(のちにマジシャインも)がマジキングなどで地底冥府インフェルシアと戦う。スーパー戦隊シリーズ作品。

も、ちょっと微笑んじゃいました。それで「スーパー戦隊」に戻ってみると、めちゃくちゃ楽しくやれたんです。アクション監督は『特捜戦隊デカレンジャー』に続いて2シリーズ目に挑戦する石垣さんだったので、石垣さんのアクションでやることも楽しみでしたし、ほかのメンバーもマジイエローの今井のほかはグリーンの福沢博文[※7]、ブルーの野川瑞穂[※8]、ピンクの小野友紀[※9]で、以前とはメンツがだいぶ替わっていて、そこも楽しみでした。プロデューサーの塚田(英明)[※10]さんからは魔法の戦隊になることと、兄弟のチームは『ゴーゴーファイブ』以来で、レッドがいちばん年下だと聞かされて、「えっ？　末っ子⁉」ってなりました(笑)。

子持ちなのに末っ子を演じる

福沢は[※11]レッドアクションの所属でしたけど、以前から知っていて後輩みたいなものですし、女子2人はJACの後輩だし、今井は同期で後楽園時代も一緒でしたからね、現場に行くことがすごく楽しかったんです。あと、マジマザーは蜂須賀祐一[※12]さんでウルザードとロボが日下さんでした。一緒に兄弟をやるメンバーが今井以外は年下なのに、自分が末っ子の役なんですよ。当時の僕は35歳過ぎたくらいですかね。ちょうどブレイドをやっている頃に次男坊が生まれているので、長男と次男の2人を連れて現場に行っていることも多かったんですね。まだオールアフレコの時代ですから、子供同伴でもさほど進行の迷惑にはならなかったんです。小津魁[※13]役の橋本淳[※14]とか、素面のレギュラーたちは家へ遊びに来てくれていたので、子供も見

※8
野川瑞穂
スーツアクター。1979年生まれ。ドラマ『魔法戦隊マジレンジャー』から『手裏剣戦隊ニンニンジャー』のうち7作品で、女性メンバーのスーツアクターを務めている。

※9
小野友紀
スーツアクター。1978年生まれ。ドラマ『忍風戦隊ハリケンジャー』『爆竜戦隊アバレンジャー』『魔法戦隊マジレンジャー』で女性メンバーのスーツアクターを担当。ほかにも映画、ドラマなど多数。

※10
塚田英明
東映プロデューサー。1971年生まれ。ドラマ『京都迷宮案内』(第1シリーズ・1999年)でプロデューサー・デビュー。『特捜戦隊デカレンジャー』でチーフプロデューサーに。仮面ライダーシリーズ、スーパー戦隊シリーズでチーフプロデューサーを多く担当している。現・東映株式会社　テレビ企画制作部長。

知っていました。そんなこんなで一緒に飯を食べた仲であっても、魁と同じ年齢を演じるというのは……。高校生[※15]の役はメガブルー以来ですけど、あの時はギリ20代ですからね。マジレッドの時は、子持ちの僕が17歳を演じることに多少悩んではいて、その表現をどうするか思案した時、17歳という要素より末っ子という要素を押すことにしたんです。「いっそのこと、小学生に近いくらいでもいいや」って(笑)。ちょうどお姉ちゃんのマジピンク、芳香（ほうか）があっけらかんとしたキャラクターだったので、それに乗っかってわちゃわちゃしていれば末っ子っぽくみえるかな？ って。あえて極端に振って、怒りのシーンなどでは、感情をあからさまに、ストレートに出していたんですよね。ためることはしないで。

兄弟喧嘩のシチュエーションは、けっこう多かったですね。兄弟喧嘩をしながらウルザードが父親だという確執があり、母を巡るドラマがある。要は家族の物語だったので、僕的にはその世界観は好きでしたし、やっていて楽しかったです。兄弟設定のためか、「スーパー戦隊」としては、変身後にも兄弟のやり取り、家族のやり取りのお芝居が多かったですね。それで、石垣さんのアクションです。石垣さんには怖い先輩という印象があったんですが、アクション監督としての石垣さんは、ものすごくスタッフとキャストに気を遣われる方でした。アクション演出の進め方は、とても丁寧でした。そのアクションの特徴は「スーパー戦隊」ということもあり、チームに特有のスペックや個人の設定をうまく活かすというものでした。たとえば僕のレッドなら、足を使った技が多く、1つの戦いでマジスティックを使っての手数をいくつか指定されたりしています。そして、その手数の具体的な所作などは、わりと任せていただけま

※11
レッドアクション
1982年に新堀和男が創設したレッドアクションクラブを、2006年にレッド・エンタテインメント・デリヴァーとして法人化。アクション監督と俳優を擁し、スーパー戦隊シリーズ、仮面ライダーシリーズにも馴染みが深い。

※12
蜂須賀祐一
スーツアクター。1962年生まれ。1982年、JAC入団。ドラマ『電撃戦隊チェンジマン』から『鳥人戦隊ジェットマン』までの連続7作で女性の、『星獣戦隊ギンガマン』から『未来戦隊タイムレンジャー』までの連続3作で男性のメンバーのスーツアクターを務めた。

※13
小津　魁
マジレッドに変身する小津家の末っ子。芳香は第2子で長女。翼は第4子でマジイエローに変身する。

した。ですから、いわゆる肉弾戦というテイストのアクションは、意外となかったんです。サッカー部員という設定もあったので、丸く固まった兵隊をけるとか、サッカーを活かす攻撃も多かったですね。あとは、イリュージョン的なムードも内包したサーカスアクションがウリでしたので合成が多く、空中ブランコのような動きもよくやっていました。

ウルザードの存在感

『タイムレンジャー』のブイレックス[※16]以来でしょうか、久しぶりに特撮チームの佛田[※17]（洋）組でロボットも演じました。マジドラゴン[※18]に乗っているマジフェニックス[※19]は、やっていてとても恥ずかしくて覚えています。バラしてしまうと上半身はマジフェニックスを着ているんだけど、下半身はマジフェニックスがまたがっているように作ってあるドラゴンに入っているんです。志村けんさんの白鳥のようになっているわけで（笑）。そんな僕の竜と相対するのは日下さんのウルケンタウロス[※20]なんですが、あれは歌舞伎に出てくる馬方式で、日下さんの腰をつかんだ同期の村岡が下半身を演じているんです。「スーパー戦隊」の特撮って、そんな手作り感が面白いし、ナマで演じていることが迫力とカッコよさを呼ぶんです。

　ウルザードとはまず巨大戦でぶつかったんですけど、人間大のウルザードってさらにカッコいいんですよ。悪の騎士といったムードがあって、父親という威厳もあった。日下さんの年齢が、ちょうどそんなところだったからでしょうかね。中澤[※21]（祥次郎）監督の時（第34話）、ウル

※14
橋本　淳
俳優。1987年生まれ。小津魁を演じた。ドラマ『WATER BOYS2』（2004年）でデビュー。代表作は『半分の月がのぼる空』（2006年）など。

※15
高校生の役はメガブルー以来
メガブルーは諸星高校の高校生だった。

※16
ブイレックス
タイムファイヤーやタイムレッドが搭乗するティーレックス型巨大生体メカ。

ザードが親父なのかそうじゃないのか、みたいなところで、一対一でガチでぶつかるエピソードがあったんです。クソ暑い日に山奥で撮影をしたんですけど、マジレッドとウルザードが対峙しているところに素面の兄弟が駆けつけ、止められてもレッドはぶつかっていくといった芝居でした。台本を読んでこのくだりを変身状態でやることがわかり、ガチで挑むことにしました。それで、「仮面ライダー」でやってきた芝居のムードを出させてもらおうと考え、テストの時にやってみたんです、それを見た中澤監督に了解をいただき、そのうえで日下さんとぶつかっています。それで、ウルザードに何度か押し返されたところで翼（つばさ）が「やめろ！」と止めるんですけど、そこで翼役の[※22](松本（まつもと）)寛也（ひろや）に「ガチで止めてね」ってお願いしました。「ガチで止めないと、俺、行っちゃうからね」とプレッシャーをかけてみたんです。すると、寛也もまだお芝居に慣れていない部分もあったんだけど、アフレコなのに声を嗄らしてセリフを叫んで、見事に弟を引き留める気持ちが出ていました。おかげでその気持ちが僕にもフィードバックされ、ちょっとテンションが上がって、いい感じに芝居が続けられたんですよね。

中澤監督って、普段はのんびりとした様子で仕事を進められるんです。でも、欲しい画のイメージをはっきりともっていて、「こうしてもらえますか?」というビジョンは常に明確です。明確なので演出プランの調整も素早いんでしょうか、こちらに意図があって「こうしてみたいんですけど」ということを提示したとき、監督のなかでそれが処理できるものであれば「見せてもらっていいですか?」となるし、演出家として構想と折り合わないときは「それはないですかね」と、はっきりおっしゃいます。僕の場合はおかげさまで、どちらかというと

※17
佛田　洋
特撮監督。1961年生まれ。1984年、特撮研究所に入社。ドラマ『地球戦隊ファイブマン』で特撮監督デビュー。以降のスーパー戦隊シリーズと、『仮面ライダー龍騎』以降の仮面ライダーシリーズの特撮監督を担当している。『忍者戦隊カクレンジャー』以降は、本編も監督している。ほかに映画『ローレライ』(2005年公開)、『ハッピーフライト』(2008年公開)など特撮監督作品多数。

※18
マジドラゴン
伝説の魔竜。マジガルーダ、マジマーメイド、マジフェアリー、マジタウロスの4体のマジマジンが魔竜合体した姿。

※19
マジフェニックス
マジレッドが魔法大変身したマジマジン。

※20
ウルケンタウロス
巨大化した魔導騎士ウルザードと魔導馬バリキオンが魔導合体した。

「見せてもらっていいですか？」が多いんですけれど。

「スーパー戦隊」のよさ

1人じゃないっていう条件は、安心できますよね。なにをやるにしても、1対1ではなく5対1でいけるんで(笑)。レッドは画としてはセンターに立ちますが、エピソード的な主役はメンバー内で分けられますから取り巻く側になることも多いんです。そういった図式は「仮面ライダー」においては少ないので、しばらくぶりで新鮮でしたね。あとは、久しぶりに敵を演じられたことも楽しかった。後半にいきなりゾロゾロと出現する、冥府神（めいふしん）[※23]をやらせていただきました。13体の冥府神のスーツは誰かの体形に合わせて作られていたわけではないので、ザッと見て、着られそうなものをみんなが試着してみて「これ着られます！」って(笑)。それで、僕はヘビのゴーゴンに入ったんですけど、楽しかったですね。やはり次郎さんは大きい恐竜みたいな冥府神で、日下さんはタッパのあるスナイパーで、福沢がキノコ頭、縄田（なわた）(雄哉（ゆうや）)もなにかに入っていて、縄田に会ったのはそこが初めてですね。わりとあっという間に過ぎた1年間でして、『マジレンジャー』の終盤の頃になると、次の「仮面ライダー」に行くことが決まっていたので、それを知った周りから「1年ゲスト」なんて呼ばれることもありまして。嫌ということでも残念とかいうことでもなく、「ああ、また仮面ライダーか」なんていう複雑な想いを抱いていると「よっ、1年ゲスト」なんて言われて、「やかましいわ」と(笑)。

※21
中澤祥次郎
監督。1971年生まれ。ドラマ『未来戦隊タイムレンジャー』で監督デビュー。『獣拳戦隊ゲキレンジャー』で初のメイン監督を務める。以降、スーパー戦隊シリーズ、仮面ライダーシリーズで監督作品多数。

※22
松本寛也
俳優。1986年生まれ。ドラマ『特命戦隊ゴーバスターズ』では陣マサト(＝ビートバスター)を演じた。2017年からスーパー戦隊親善大使に。

※23
冥府神
冥府十神ともいわれる、インフェルシアの邪悪な神々。「ヘビのゴーゴン」とは「冥府神ゴーゴン」、「大きい恐竜みたいな冥府神」とは「冥府神ドレイク」、「スナイパー」とは「冥府神サイクロプス」、「キノコ頭」とは「冥府神ティターン」。

第六章 仮面ライダーに戻る。そして超当たり役の誕生？

カブトというキャラクターをつかむ

『仮面ライダーカブト』[※1]は、オープニングの撮影からクランクインしました。その演出は、田﨑監督です。クランクイン直後の僕は、『マジレンジャー』でレッドをやった余韻が抜け切っていませんでした。家族ドラマを1年間背負ったがゆえに、だいぶ「フワッ」としていたような気がします。台本を読ませてもらって世界観について聞いた時に思ったことは、内容がとても濃いなということでした。天道総司（てんどうそうじ）は唯我独尊で孤高、ヒーロー像はオンリーワンですよね。仮面ライダーがたくさん登場し、後には仲間的な仮面ライダーガタック[※2]も出てくるんだけど、けっして馴れ合いませんでしたね。そんなカブトというヒーローのイメージをどう作り込むかについては、ずいぶん思案しました。まずは物語が構成される際の雰囲気をつかもうと思い、天道を演じる水嶋（みずしま）[※3]ヒロのお芝居を見させてもらいました。その結果、「これは、戦闘ポーズはやらなくていいかな」と感じ、カブトのアクションをノーガードでやらせてもらったんです。石田監督は、僕の動きについてなにもおっしゃらなかったので、「これでいこうかな」

※1
『仮面ライダーカブト』

2006年１月29日～2007年１月21日、テレビ朝日系で放送。天道総司はマスクドライダーシステム・仮面ライダーカブトの資格者となり、秘密組織ZECTの加賀美新とともにワームと戦う。仮面ライダーシリーズ作品。

※2
仮面ライダーガタック
加賀美が変身するマスクドライダーシステム。力強い戦い方をする。

と。そうしていたら、アクション監督の宮崎さんが、「今度のライダーは、跳んでキーック！ではなく、待とうと思う」とおっしゃったんです。つまり、待って待って、向こうから来たら回し蹴りで粉砕というイメージでした。ですから、必殺キックはシンプルな回し蹴りにしようということになり、僕もなおさら余計な動作はいらないなと確信でき、わりと早い時期でカブトのキャラクター像は固まるんです。カブトの特徴にキャストオフ[※4]というシステムがありますけど、マスクドフォームのときもライダーフォームのときも、イメージは変えませんでした。

　パイロットの撮影中にヒロと話をしました。その内容は役作りについてではなく、アドバイスでした。カブトでは大げさなアクションをしないことにしたので、アフレコの時にどのタイミングでなにを話しているのかがわからないだろうと思ったんです。それで、「わかりづらいと思うけど」ということで、どのタイミングでなにを話しているかを記録さんに聞きつつやるといいよ、ということを伝えました。あと、モニターで撮影した画を見ながら、セリフを話している空気感は出すから、それを汲み取ってほしいということも付け加えた記憶があります。ヒロも新人でしたから最初は演技に不慣れでしたけど、彼はあっという間に成長しましたね。早い段階で、記録さんのタイミングガイドがいらなくなったようなんです。心配だったので、ときどきアフレコが終わった頃に確認していました。「どう？　うまくはめられた？」って。するとヒロはわりとすぐ、「ちゃんとわかりました、全然大丈夫です」って答えるようになりました。そうなると面白いもんで、最終回が近づくとどうしても新番組のほうを優先するのでカブトが代役になったりしたんですけど、「ちょっと入れづらいんです、あのカブト、高岩さ

※3
水嶋ヒロ
俳優。1984年生まれ。ドラマ『ごくせん』(2005年)でデビュー。代表作は映画『ドロップ』(2009年公開)、『黒執事』(2014年公開)、ドラマ『メイちゃんの執事』(2009年)など。2010年、処女小説『KAGEROU』で第5回ポプラ社小説大賞を受賞。

※4
キャストオフ
マスクドライダーシステムの特色の一つ。変身直後の装甲重視のマスクドフォームから、装甲を吹き飛ばすことで、クロックアップが使えるライダーフォームになること。

※5
加藤和樹
俳優・歌手。1984年生まれ。代表作は映画『神様ヘルプ！』(2010年公開)、ドラマ『ホタルノヒカリ』(2007年)など。舞台も『ミュージカル テニスの王子様』(2005年～2008年)など多数。

んじゃないですよね」ってバレていた(笑)。1年という長いスパンでやっていますからね、まぁ、慣れといえば慣れなんですけど。番組が変わっても、終盤にはけっこうありました。「なんか、タイミングが読めなかったんです」って何人かに言われています。

似た傾向のライダーたち

仮面ライダーが、たくさん出てくるシリーズでしたね。そのなかで、変身前を加藤[※5](和樹)君が演じて押川がアクションを担当したトンボ、仮面ライダードレイクはキャラが被りがちでした。押川がドレイクとして表現しようとするニュアンスが、カブトに近かったんです。姿が違うのでいいと言えばいいんですけど、あまり被りたくはないとは思いましたね。それで2人が対決するシーンになると大変で、ドレイクもあまり動くキャラではないので動かない。すると、僕はよりいっそう動かない。「お前以上に動かないから」って。なんかそんな、動かない我慢大会みたいな駆け引きを押川とやっていたんです(笑)。渡辺[※6](淳)がやったサソードは、キャラが全然被らなかったので、そこはよかったですね。このサソードは、山本[※7](裕典)君が演じた変身前のおぼっちゃまがポンコツで面白かった。なんでも爺やにやってもらって。このように、この番組の仮面ライダーは、変身前のほうが個性的なんです。オンリーワン野郎とメイクアップアーティストにポンコツおぼっちゃま、そして警察的な組織の生真面目熱血漢。あと、ザビーを通じての地獄兄弟[※8]の徳山[※9](秀典)君と内山[※10](眞人)君。ですから、プレーヤーはみん

※6
渡辺　淳
スーツアクター・アクション監督。1982年生まれ。2005年のドラマ『仮面ライダー響鬼』の轟鬼など、『仮面ライダーウィザード』以降、サブ的な仮面ライダーのスーツアクターを務めた。『獣拳戦隊ゲキレンジャー』など、スーパー戦隊シリーズも多数。

※7
山本裕典
俳優。1988年生まれ。ドラマ『仮面ライダーカブト』の神代剣を演じた。本作が俳優デビュー作。代表作はドラマ『タンブリング』(2010年)など。

※8
地獄兄弟
矢車想と影山瞬の2人を指す。実の兄弟ではないが、共にZECTから追放された後は一緒に行動するようになった。

な、キャラクターを変身前のイメージに寄せようとしていましたね。ザビーのときはよかったんですが、キックホッパーとパンチホッパーもやはりカブトと表現が近くなってしまう。ですから、地獄兄弟が「スンッ」と不貞腐れた体でそこにいて、近くで対峙したドレイクも「スンッ」としていて、満を持して登場したカブトはもっと「スンッ」としている。ガシャッと構えるのはサソードとガタックの伊藤くらいで、素立ちでにらみ合うヒーローばかりの画というのは、とても静かだし、その現場もきわめて静かなもんでした(笑)。ケースバイケースではありますけど、変身前のキャラが濃いことによりやりやすいこともあれば、逆にやりにくいこともあります。濃ければいいというものではありませんが、薄すぎるともっと困ります。

劇場版の迫真の立ち回り

夏に公開された劇場版[※11]は、『555』の劇場版と同じくパラレルワールドのお話でした。『555』の時は徹底して巧を押す内容になっていましたけど、この映画は一見、天道を立たせているように見えて、佐藤(祐基)[※12]君が演じた加賀美(新)、ガタックの映画でした。監督が石田さんですからドラマがとにかくすごくて、みんながピリピリしてやっていましたね。あと、すごかったのは、K－1の格闘家の武蔵[※13]さん。「私のバラに彩りを加えましょう」なんて、あのガタイできれいなセリフしか言わないコーカサスは、きわめて面白い人物でした。その武蔵さんと天道、加賀美が戦ってボコボコにされるシーンは、僕と伊藤で吹き替えているんですけど、

※9
徳山秀典
俳優。1982年生まれ。矢車想(＝仮面ライダーキックホッパー)を演じた。NHK大河ドラマ『八代将軍吉宗』(1995年)でデビュー。ドラマ『炎神戦隊ゴーオンジャー』(2008年～2009年)に須塔大翔(＝ゴーオンゴールド)役で出演。

※10
内山眞人
俳優。1986年生まれ。影山瞬(＝仮面ライダーパンチホッパー)を演じた。ドラマ『ウルトラマンネクサス』(2004年～2005年)では千樹憐を演じている。

※11
劇場版
映画『劇場版 仮面ライダーカブト GOD SPEED LOVE』(2006年公開)。監督・石田秀範。隕石落下のために厳しい水不足に陥った世界で、勢力拡大を目論むZECTを叩くため、天道をはじめとしたネオZECTはZECT本部を襲撃する。

あの撮影は怖かった。打ち合わせはしているので、その場での手はわかっているんですけど、殴るタイミングを計りやすいように動く僕らとは違って、格闘家の方はノーモーションでズバーンと攻撃してくるので、タイミングが読めないんです。キャメラに僕らの顔が映っちゃいけないんですけど、「そんなこと構っちゃいられない」とばかりに武蔵さんに注目し、パンチが飛んできたら慌てて避けて。避けた瞬間に、ビュンって風がくるんですよ。「怖っ！」って（笑）。で、僕と伊藤は武蔵さんの攻撃から逃げるだけでしたから、あのシーンは、吹き替える必要はなかったんじゃないかと思うんです。結果は一緒だったんじゃないかと（笑）。

武蔵さんはすごかったけど、宇宙の人工衛星で繰り広げられたラストバトルもしんどかった。オーラスの全カットをセットで撮影したというのは、おそらくあれが最初です。完成間もないステージのＮｏ．11と12を占拠して宇宙空間と人工衛星がフルセットで組まれ、そこで4日間くらいカンヅメになって撮影しています。ずっと同じ宇宙や人工衛星内の照明でやっていると、時間経過の感覚もマヒしてくるんですよ。宇宙空間や重力を表現するための吊りも多く、そこも大変でした。この時ですね、再び石田監督のドラマの鬼の洗礼を受けました。人工衛星内で戦っている時、コーカサスが人工重力のスイッチを切るんです。そして、またそれを起動させるんですね。その時、いきなり床に叩きつけられるんですけど、いきなりGに押さえつけられて動けなくなるという表現が、全然できなかったんです。何度やってもできない。1時間近く僕待ちになって、「ヤバい、どうしよう。マジでわからない」となり、女の子に腕立て伏せの形の僕の背中に乗ってもらい、その重みで床にぶつかって「こうかな？」って思い、

※12
佐藤祐基
俳優。1984年生まれ。ドラマ『ごくせん』（第2シリーズ・2005年）でデビュー。代表作は『白と黒』（2008年）など。

※13
武蔵
K-1ファイター。1972年生まれ。黒崎一誠（＝仮面ライダーコーカサス）役で出演。1995年の「K-1 REVENGE Ⅱ」でデビュー、2009年、引退。

※14
白倉伸一郎
プロデューサー。1965年生まれ。ドラマ『恐竜戦隊ジュウレンジャー』でプロデューサーに、『超光戦士シャンゼリオン』でチーフプロデューサーとなる。『仮面ライダーアギト』以降、仮面ライダーシリーズなど多くの作品をプロデュース。現・東映株式会社取締役。

その感覚でやってみても違う。何度やってもダメで、焦りまくっていると、……そのうち、「あ、もういい。はい、それでOK」となったんですけど。ステージをいつまでも占領するわけにもいかないし、妥協ですよね。いやぁ、めちゃヘコみましたね。

俺、参上！

ある日、白倉(伸一郎)[※14]さんから口頭で、次の作品でもお願いしたいと言っていただきました。その時、キャラクターについては、「いろいろと人格が変わります」という表現をされていました。主人公に化け物が憑依して、入れ替わり立ち替わりしますと。それで「ああ、大変そうだな」とは思ったんですが、「わかりました」と答えたんです。その時は4人の声優さんは決まっていて、関俊彦[※15]さんのアフレコテストがあるということでしたので、そのまま関さんの声を聴きに行ったんです。当然、画はなにもなく、ペラの台本に書いてあるいくつかのセリフを関さんがさまざまなトーンで演じられていました。田﨑監督は最初に「アニメーションではなく、人間に近く」という注文をされて、そのうえでさまざまな声のトーンから実際の声を選ばれたんです。それで、「こういう感じの声になります」ということで、「あ、わかりました」って(笑)。複雑な気持ちでした。それまでは変身前の人間の様子を見てキャラクター像を決めていたものが、今回は変身前の人間ではなく、変身前の人間に取りつくイマジン[※16]が変身する仮面ライダーなわけですから、完全に僕が単独で作り込むキャラクターになるわけです。

※15
関　俊彦
声優。1962年生まれ。『仮面ライダー電王』(2007年～2008年)でモモタロスを演じる。代表作は『天空戦記シュラト』(1989年～1990年)、『キルラキル』(2013年～2014年)など。舞台も多数出演している。

※16
イマジン
ドラマ『仮面ライダー電王』に登場する精神体。モモタロス、ウラタロス、キンタロス、リュウタロス、デネブ、ジークはイマジンで仲間たち。

※17
石丸謙二郎
俳優。1953年生まれ。ドラマ『仮面ライダー電王』でオーナーを演じた。1978年『いつも心に太陽を』で舞台デビュー。『世界の車窓から』(1987年～)のナレーションは特に有名。代表作はドラマ『棟居刑事シリーズ』(2001年～2004年)など。

※18
ハナ
ドラマ『仮面ライダー電王』に登場する、時の列車・デンライナーの客。オーナーと契約して、イマジンを追っている。

アフレコテストの時点で、関さんが声を担当されるイマジンを僕が演じることは聞いていて、変身前をやるのは初めてですから、パイロットはけっこう緊張しています。変身前とすり合わせるのではなく、変身前のキャラクターを作っていかなくてはいけないわけですからね。それで、芸達者な石丸(謙二郎)[※17]さんともやり取りをしなきゃいけないし、シンクロの録音も初めてだったので「しゃべっていいのかな?」となり。電車のシーンが始まった最初の2日間くらいは、本当に胃が痛くなりました。で、モモタロスの演技は、けっこう複雑でした。最終的に声は関さんが入れるわけですけど、演じる時はセリフをしゃべらないと相手役も困りますからね。ですから、相手のセリフと被らないときは声を出してしゃべり、相手のセリフが被る部分はしゃべったつもりでそのタイミングに合わせて演技をする。そんな段取りにしました。ですから、たとえばハナ[※18]と喧嘩をするときは、僕が足をテーブルに乗せたら「なんだと!」と言ったと思ってちょうだいと打ち合わせています。石丸さんの時は、肩に手を置いたら、「おっさん」と言っています、とか。そんな調子でやっていました。最初は面倒に思った段取りでしたけど、途中からは慣れてしまいましたね。

佐藤健との共闘

初期においては、第1話のプラットフォームだけが、唯一、(佐藤)健[※19]を意識する必要がある仮面ライダーでした。当初、プラットフォームが戦うという展開は予定されていなかったの

※19
佐藤　健
俳優。1989年生まれ。ドラマ『仮面ライダー電王』で野上良太郎を演じた。代表作は映画『るろうに剣心』シリーズ(2012年～2021年公開)、ドラマ『義母と娘のブルース』(2018年・2020年)、『恋はつづくよどこまでも』(2020年)ほか多数。

※20
野上良太郎
ドラマ『仮面ライダー電王』に登場する、仮面ライダー電王に変身する若者。臆病で喧嘩に弱く、不運な青年だが、正義感が強く、頑固で頑張り屋でもある。

※21
永徳
スーツアクター。1978年生まれ。『仮面ライダー響鬼』以降、サブの仮面ライダーのスーツアクターを多くの作品で務めている。『仮面ライダーセイバー』では仮面ライダーブレイズを務めている。

で、マスクもアップ用しかなかったんです。アップのカットだけという話で撮影に行きましたが、お話の流れで一応イマジンに立ち向かうシーンを撮影することになったんです。そのため、あのシーンは視界の悪いアップ用マスクの状態で、1日アクションをやっているんです。この時は特にキャラ作りを健と話したということはなく、弱々しくやればいいんだろうなっていうことで演じました。ただリアルに弱い感じが勝ちすぎると画にならないので、コミカルという意味とはちょっと違う、ディフォルメされた弱さの表現にしています。健に伝えたのは、モモタロスの演技のイメージのほうです。チンピラとまではいかないけどガサツで、ガラは悪そうな感じといったことを説明して、ちょっとやってみせたんです。モモタロスは良太郎[※20]に憑依しますから、そこはちゃんとやっておかないといけません。その次は永徳[※21]のカメ、ウラタロスが良太郎に憑依しますから、第5～6話に入るタイミングで健と僕と永徳で演技のイメージはすり合わせています。永徳が健に憑依して、そのカメの電王を僕がやるわけですからね。そんな調子で、岡元さんのキンタロスが来る時は健と僕と岡元さんの3人ですり合わせて、お[※22]ぐら(としひろ)のリュウタロスがくる時も3人ですり合わせをしたんです。

健はその時、芝居はほぼ初めてと言っていましたけど、のっけから器用さはあった気がします。演技の上達は早かったですしね。でも、あそこまで身体能力が高いとは思いもしませんでした。4人目のリュウタロスがダンス系のキャラクターになったのは、健が踊れるということありきなんだと思います。現場で健のダンスを見て、おぐらと「マジか？」でしたね。で、感想は「俺たちは、モンキーダンスくらいしかできないな」。だからモモタロスって、オープニ

※22
おぐらとしひろ
スーツアクター・アクション監督。1971年生まれ。スーツアクター代表作はドラマ『燃えろ!!ロボコン』(1999年～2000年)など。アクション監督作品も多数。

※23
ナオミ
デンライナーの客室乗務員。

※24
第5話
「僕に釣られてみる？」(2007年2月25日放送)。

※25
『仮面ライダー電王』
2007年1月28日～2008年1月20日、テレビ朝日系で放送。仮面ライダーシリーズ作品。

※26
坂本太郎
監督。1939年生まれ。ドラマ『バッテンロボ丸』(1982年～1983年)で監督デビュー。『ペットントン』(1983年～1984年)で初のメイン監督。スーパー戦隊シリーズを中心に多くの作品を監督。

ングでモンキーダンスを踊っているんです。こっちは、昭和の人間なんだって(笑)。

モモタロスの確立

モモタロスの衣装はディテール優先で、アクションができる造りにはなっていません。当初は、電車の中でだけ実体がある設定でしたしね。ですから、アクションをする予定はなく、電車での小競り合いはあっても大立ち回りをすることは誰も想定していなかったんです。電車の中には良太郎にオーナー、ハナ、ナオミ[※23]の4人の人間がいて、スーツのキャラは自分だけなので、パイロットでは多少動きをオーバーにするようにしていました。それで、第2話のラストを撮影した時、田﨑監督が「モモタロスの方向性が見えた」とおっしゃいました。あの時は、モモタロスと命名されて「ダセェ名前、認めねぇ」となり、小競り合い間際でナオミが「コーヒーできました」って持ってくるという流れでした。そこで、モモが良太郎とコーヒーの板挟みになる感じを出そうと思い、良太郎に文句を言いたいけどコーヒーが気になって「あっ、待って」と受け取り、コーヒーを持って良太郎に近づいて「冗談じゃねぇぞ」と凄むんだけど「あちっ」っとなってエンディングという感じにしたんです、確か。そこで、田﨑監督に「今の感じがいいです、モモタロス」っていうことで、OKをいただきました。ちょっと、間の抜けた感じがよかったんですかね。スキがあるというか。それで、「怖いだけじゃなくて、コミカルな部分があっていいんだな」ということがわかり、そのことがより明確になるのが第5話[※24]

※27
劇場版
映画『仮面ライダー電王 俺、誕生!』(2007年公開)。監督・長石多可男。時の列車を狙う強盗・牙王はオーナーを人質に取り、デンライナーを過去へ。良太郎たちはゼロライナーで追いかけるが。

※28
小林靖子
脚本家。1965年生まれ。1993年、ドラマ『特捜ロボ ジャンパーソン』で脚本家デビュー。メインライター作品は、『未来戦隊タイムレンジャー』『侍戦隊シンケンジャー』『仮面ライダー電王』など。

※29
正月編
第47話「俺の最期にお前が泣いた」。

※30
12月の放送分
第44話「決意のシングルアクション」。

あたりからです。ウラタロスが登場するからですね。モモっていうキャラは相手がいないと成立し難く、ウラのおかげでスーツキャラの相手ができた。それを演じているのが、永徳ですからね。楽しく小競り合いができ、いい感じにモモのキャラクターを出すことができました。『仮面ライダー電王』[※25]では、イマジンを演じることがいちばん楽しかったかな。イマジンに対しては、監督の皆さん、なぜかほぼ演出をされていません。演技プランを一度見ていただき、すぐにリハーサルといった感じでしたね。石田監督だとそのシーンの人物とキャラクターの位置関係を指示して、「はい、動いて」。で、一連の芝居を確認すると「はい、いいよ」となって撮影部さんと打ち合わせをしてから本番という感じでした。ウチの金田社長のときはその段取りが大声でうるさく展開され、細かなことがどんどんお任せになっていく(笑)。そして、坂本[※26](太郎)監督のときだと段取りが飛ばされ、頭から「モモちゃんのセリフはこんなイメージでね」と、ふわっとした様子で進んでいく。長石監督も田村監督も、なぜかイマジンについては野放しみたいになっていたんです(笑)。そのうち押川のデネブがきて、劇場版[※27]あたりから永瀬のジークがきてイマジンが増えていきます。セリフは台本にのっとって話しているんです。でも、監督がカットをかけてくれるまで芝居を止めるわけにはいかないので、アドリブをセリフ尻に突っ込むことになるんです。その結果が、アドリブ大会になっていきます。監督はアドリブを待っているフシがあり、アドリブがいろいろ出たところで「そこまで使う」っておっしゃってカットをかけるんです。アドリブのセリフは、スクリプターさんがちゃんと記録しているんですよ。いろんなアドリブがありましたね。「亀カンヅメ」とか、デネブを「おデブ」

※31
柴﨑貴行

監督。1978年生まれ。ドラマ『仮面ライダーカブト』で監督デビュー。映画『仮面ライダー×仮面ライダー×仮面ライダー THE MOVIE 超・電王トリロジー』(2010年公開)で映画監督デビュー。スーパー戦隊シリーズも多くの作品を監督している。

※32
『電王&キバ　クライマックス刑事』

映画『劇場版 仮面ライダー電王&キバ クライマックス刑事』(2008年公開)。監督・金田治。デンライナー署の刑事、良太郎とモモタロスが銀行強盗を逮捕？　実は強奪されたライダーパスの手がかりを追っていたのだ。

とか。迷い込んできた子犬をみんなでつかまえる時は、みんなで子犬を追いかけるだけでもつまらないので、「じゃあ俺、犬嫌いになっとくわ」なんていうこともありました。プリンの差し入れに喜ぶところでは、変化をつけようと思い、みんなとテンションを変えたんです。すると、いつの間にかモモにプリン好きという属性ができていた(笑)。

話数を経るごとに、電車の中がノリのいい楽しい空間になってきました。脚本の小林靖子(こばやしやすこ)[※28]さんもイマジンを楽しんでいらしたのか、風呂上がり風のイマジンの描写が出てきたりしていた。「イマジンも、風呂に入るのか?」って。そのうち、だんだん先の話をするようになり、「電車にこたつを置いたら面白いよね」なんて言っていたら、正月編[※29]で「本当に置きやがった!」とか(笑)。そんな電車のノリが劇場版の展開にも働き、太秦の撮影所をモモが人力車で走り回っています。モモたちは外では砂になるはずなんですが、時代が違えばいいのか、だんだん設定がよくわからなくなっていきます。表に出る心づもりがあまりなかったのにどんどん外のシーンが増えてきて、劇場版の撮影は6月頃でしたから、蒸し暑かったんです。イマジンが揃っての立ち回りもあって、あのシーンは小ボケを入れながら面白おかしくなるように工夫したので、思い出深いですね。

イマジンと物語の両立

シリーズ後半は小ボケが徐々に減り、物語のベースにお姉ちゃんを巡る深刻なドラマがある

※33
『さらば仮面ライダー電王』

『劇場版 さらば仮面ライダー電王 ファイナル・カウントダウン』(2008年公開)。監督・金田治。仮面ライダー幽汽によってピンチにおちいるモモタロスたち。その前に仮面ライダーNEW電王を名乗る人物が現れる。その正体は?

※34
『仮面ライダー電王&ディケイド』

映画『劇場版 超・仮面ライダー電王&ディケイド NEOジェネレーションズ 鬼ヶ島の戦艦』(2009年公開)。監督・田﨑竜太。退治されるはずだったオニたちが「オニの切り札」を手に入れて歴史を変えようとしたために、数々の異変が起きていた。良太郎達はオニ退治のため、過去へと向かう。

ことが明るみに出てきます。展開が重いゆえに、普段の『電王』はおちゃらけたニュアンスをまとっていたんですが、ユルく観ることができる部分から入るから、真の物語がシュッと活きるんです。12月[※30]の放送分でしたけど、イマジンが消えてしまうという葛藤の中で、良太郎とモモの目的は一緒なのに方法論が違うことで両者がぶつかるというエピソードがありました。アルマジロイマジンの回です。[※31]柴崎（貴行）監督の最後の演出回で、時のターミナルで良太郎とモモが本音でぶつかる場面を撮影する時、柴崎監督の指示で、初めてピンマイクを着けてモモの衣装を着ました。健とガチでやり取りをした際の僕のセリフを録音し、「このまま、関さんに持っていきます」っていうことだったんです。柴崎監督は、それほどあのシーンを重要視され、しっかりと視聴者に見せたいと考えていらしたんですね。大切なシーンですのでアドリブは入れていませんけど、さまざまな気持ちを呼吸で表現し、要所要所に合いの手とか相槌が入ります。オンエアを観てみると、関さんのアフレコはそのすべてにドンピシャでしたね。すごく読み取っていただけています。あの頃の健は良太郎という役をつかんだなんていうレベルにはなく、良太郎という確固たる人間像が完璧に出来上がっていました。イマジンを含め、（小林）靖子さんが、キャラクターを本当にたくみに組み上げてくださった結果でもあるんだと思います。

『電王』というシリーズは、ヒーローのキャラクターのみを担当しているときに比べ、僕の拘束時間がとても長かったんです。ですから、良太郎やオーナー、ハナやコハナ、ナオミなど、素面のレギュラーの皆さんと一緒にいる時間もとても長くなりました。その結果として、彼ら

※35
『超・電王トリロジー』
映画『仮面ライダー×仮面ライダー×仮面ライダー THE MOVIE 超・電王トリロジー』。連続公開された映画３作の総称。『EPISODE RED ゼロのスタートウィンクル』（2010年５月22日公開。監督・金田治）、『EPISODE BLUE 派遣イマジンはNEWトラル』（2010年６月５日公開。監督・舞原賢三）、『EPISODE YELLOW お宝DEエンド・パイレーツ』（2010年６月19日公開。監督・柴﨑貴行）。

※36
『仮面ライダーディケイド』
2009年１月25日～８月30日、テレビ朝日系で放送。世界に無数の怪人が現れた日、記憶喪失の青年・門矢士は自分が仮面ライダーディケイドであると知らされて変身、９つの並行世界に旅立つ。仮面ライダーシリーズ作品。

との親しさ度数は、ほかのシリーズ以上になったと思います。たとえば、石丸さんと久しぶりにご一緒した時も、ロケ弁に誘っていただき、仲良くしていただいています。『電王』は劇場版の本数も多いし、テレビシリーズ終了後の展開も多方面に及んでいて、そんなところも記録的ですよね。まずは、Vシネマの予定だった『電王&キバ　クライマックス刑事(デカ)』[※32]です。あの作品では、講談社さんの建物でロケが行われたそうですね。大晦日の深夜に朝まで撮影していたらしいんですが、あのシーンには僕の出番はなかったんでよかったです(笑)。

その後も『さらば仮面ライダー電王』[※33]や『仮面ライダー電王&ディケイド』[※34]『超・電王トリロジー』[※35]という具合に何作も劇場版が製作されましたが、モモタロスについてはできるだけ僕がやっています。それは僕がモモにこだわったとかそういうことではなく、モモについては監督の皆さんに「高岩じゃないとできないんじゃないか」というムードが強くあったからなんです。そのため、『仮面ライダーディケイド』[※36]が並行している時期あたりまでは、仮面ライダーよりモモを優先させています。テレビシリーズと別班編成の作品でモモの出番があれば、そちらをやっているんです。『仮面ライダーディケイド』にモモが登場してディケイドと共闘した時は、ディケイドを渡辺や浅井(あさい)(宏輔(こうすけ))[※37]にやってもらいました。ですから、逆に『トリロジー』の時は『仮面ライダーW(ダブル)』[※38]が優先となり、スケジュールを縫えないときのモモは代役が演じているんです。『仮面ライダージオウ』の「電王編」におけるモモもそうで、ほとんどのシーンを代役にやってもらっていて、僕がやっているのは、最後のクルンクルン[※39]くらいですね。

※37
浅井宏輔
スーツアクター。1983年生まれ。ドラマ『獣電戦隊キョウリュウジャー』(2013年～2014年)でキョウリュウグリーンを務め、『仮面ライダーセイバー』では初のメイン仮面ライダーを務める。

※38
『仮面ライダーW』
2009年9月6日～2010年8月29日、テレビ朝日系で放送。私立探偵の左翔太郎とその相棒フィリップは、風都で起こる不思議な事件の裏に「ミュージアム」のドーパントがいることを知り仮面ライダーWに変身する。仮面ライダーシリーズ作品。

※39
最後のクルンクルン
『仮面ライダージオウ』第40話「2017：グランド・クライマックス！」で、モモタロスが急にいなくなった常磐ソウゴたちを捜して、体ごと周りを見回すシーンのこと。

仮面ライダーになる!!

2001年放送の『仮面ライダーアギト』において、ついに仮面ライダーになった高岩成二。ここから2019年まで、キャラクター造形に大きく関わることになる。

高岩の本格的「仮面ライダー」デビューは、劇場のスクリーン！『仮面ライダーZO』のドラス、その決戦部分だ。

2001年

仮面ライダーアギト グランドフォーム

「平成仮面ライダー」のシリーズ化

アギトのアクションや立ち回りは、いわゆる正統派。終盤に至るほどに、主人公のキャラクターとの溝は埋まっていく。

新時代に対応したヒーロー像が目指されたため、夜間のロケーションも多い。高岩は、変身の前後でガラっと変わる設定である点に助けられたと述べているが……。

仮面ライダー龍騎

カードによる能力召喚という、一見ファンタジー寄りの能力要素ながら、じつは極めてシビアで現実な人物描写が要求される13ライダーズ。あえて振ってみたカッコ悪さが、カッコよさを呼ぶ。

後半に登場する龍騎サバイブは、状況がより切迫している設定。前半と比べ、必死さを帯びた動きが多い。

高岩的ライダー像の確立!

2003年

作り手に「平成仮面ライダー」の傾向とでもいうものが見えてきたのは、おそらくこのシリーズである。高岩がキャラクター造形の手法も、この時期に意識され始める。

ウルフオルフェノク

仮面ライダー555

劇中の主人公像と主演俳優の空気感を飲み込み、スーツの演技に馴染ませる。クセを作るのはその手段のひとつだが、このシリーズではさらに主人公のオルフェノク状態が加わり、重層的な人物表現が面白い展開となる。

スーツがフォトンブラッドで光る演出は、シャープなイメージの構築に寄与した。右は初期の発光スーツで、下の後期はLEDの光が分散するようになっている。

個性化

企画サイドにおいても、シリーズによって仮面ライダー像を大きく振ることが、ある意味では必須となってきた。それに対応して、高岩のイメージも変身する。

仮面ライダーブレイド

思い悩むが、真っ直ぐさを保ち、信念を通し続ける。「平成仮面ライダー」でほぼ初めて、武器ありきのキャラクター像だが、設定に負けないヒーローらしさを出す。

2004年

アクション的には、剣の基本にのっとったイメージ。剣戟は物語性を組み込みやすいため、やりがいもあろう。

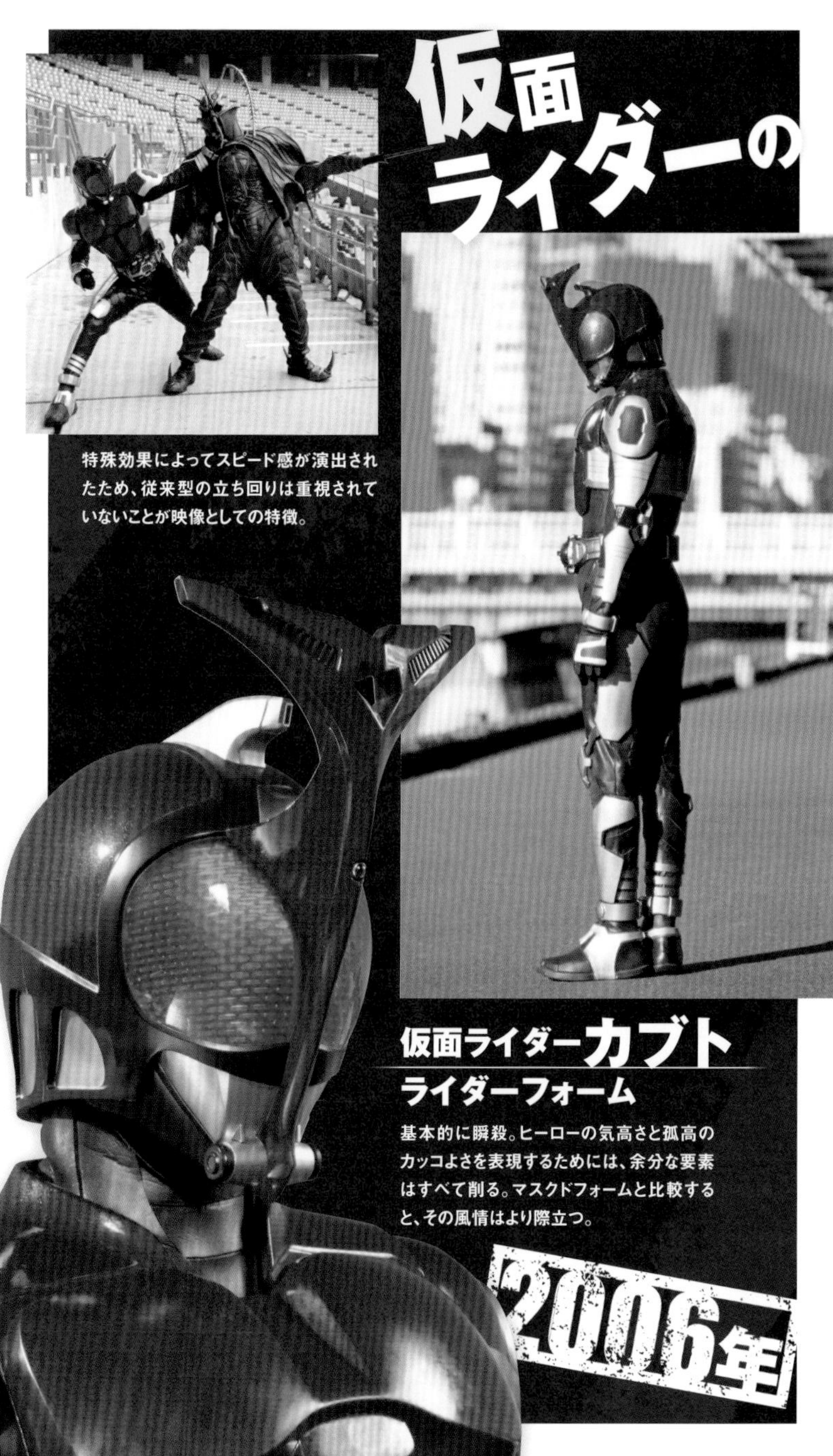

仮面ライダーの2006年

特殊効果によってスピード感が演出されたため、従来型の立ち回りは重視されていないことが映像としての特徴。

仮面ライダーカブト ライダーフォーム

基本的に瞬殺。ヒーローの気高さと孤高のカッコよさを表現するためには、余分な要素はすべて削る。マスクドフォームと比較すると、その風情はより際立つ。

仮面ライダー電王
ソードフォーム

最も陽気なようで、その実体は最も切迫する人間ドラマだった電王の世界。その背景で、ヒーロー造形に関わる人間はいちばん多い作品ではないだろうか。

ロッドフォーム

アックスフォーム

ガンフォーム

イマジンはJAE所属の4人で演じ、そこに声優の個性が加わる。だが、変身すると全キャラが高岩の演技となるのである。

平成仮面ライダーの定着!!

2007年

シリーズの白眉は、4キャラクターの個性を同時に背負ってしまうクライマックスフォーム。ダイレクトに良太郎を出す、ライナーフォームも見せ場。

劇場版が最も多いシリーズとなり、意欲的な作品が続出した。映画によっては、電王のソードフォーム以外をイマジン担当のメンバーが演じるケースも出てくる。

2008年 多層化する物語とヒーローたち!!

2つの時代の物語が並行する野心的な構成の作品では、キバは現代編のイメージを背負う主役である。抑え気味に主人公・紅渡の若さを表現するのは、まさに技だ。

仮面ライダーキバ キバフォーム

主人公の渡とキバのキャラクターイメージが切り替わるというよりは、あくまでも渡でありつつ豹変する様が伝わるようにアクションがまとめられる。

キバの各フォームは高岩だが、魔族はガルルのみを担当。ガルルフォームはイメージの統一が図りやすかった。

ダークキバは岡元次郎だが、ファンガイアのキングが変身したダークキバのみ高岩。違うムードが必要だったのか。

仮面ライダーキバ エンペラーフォーム

渡とキバのニュアンスがだいぶ近づいてきたところで、気品と重みが追加されるフォームが登場した。

新たな10年への起爆ライダー!!

「平成仮面ライダー」の9年を総括し、新たな展開への起爆剤とするシリーズ。歴代仮面ライダーをほかのJAEメンバーが演じ、賑やかなシリーズとなった。

仮面ライダー ディケイド

すべてを見切って孤高であるようだが、そうでもないという難しい役どころ。ディケイドが変身した過去ライダーは高岩だが、士風味だという点がミソである。

ぶっきらぼうアクションの第2弾だが、カブトと比べると時折、熱いことがある。そのへんのさじ加減は、高岩しかできない。

2009年

仮面ライダーW
サイクロンジョーカー

次の10年に向けて、まさに風を吹かせようというキャラクター。未熟なカッコつけが嫌味にならないのは、その演技力の賜物か。思えば、電王以来の一人の身体に二人が同居するキャラクターだ。

翔太郎が一人で変身する劇場版の仮面ライダージョーカーは、監督の要望で1号と2号の味つけがなされている。

ファングジョーカーは、相乗りした悪魔部分？　野獣性が前面に出て、かなりトンがったアクションである。

バリエーション!!

気がつけば、ここからもう10年以上が経ってしまった！オーメダルという連動アイテムとキャラクター性が結びつき、ヒーロー表現は新たな境地に入ったとも言えよう。

仮面ライダーオーズ タトバ コンボ

他人のために全力になれる無私の人を表現し、なおかつ全フォームの手も高岩が考えている。フォームごとの「らしさ」には、渡部 秀の強い意志が介在しているという。

なによりも難しかったのが、この動きだという。自然に、なおかつきれいに3つのメダルがベルトに入ること。

「2010年」

連動アイテムとポーズの

さまざまな動物のイメージがポーズに反映しているが、プトティラ コンボに、もう引き出しがなくて苦しんだ。

春の劇場版にて、映司らしさを印象づける機会が。処刑場で反撃に出る際のおじぎは、高岩の独断での演技だった。

東映太秦映画村での撮影は、高岩にとっては実りが多かったという。松平 健との共演も、相当のインパクトだった。

「宇宙キターッ！」が確立する流れは、本文に詳しい。下の写真は『オーズ』劇場版の初登場で、完成途上。

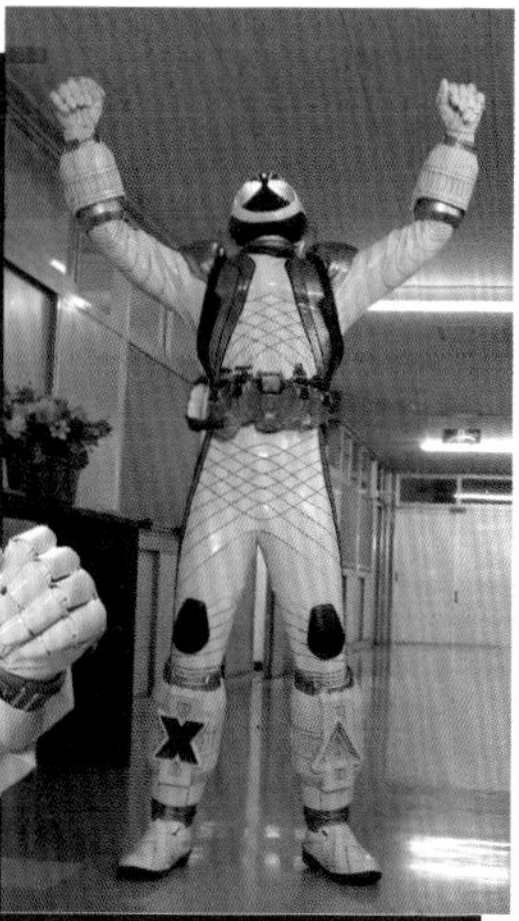

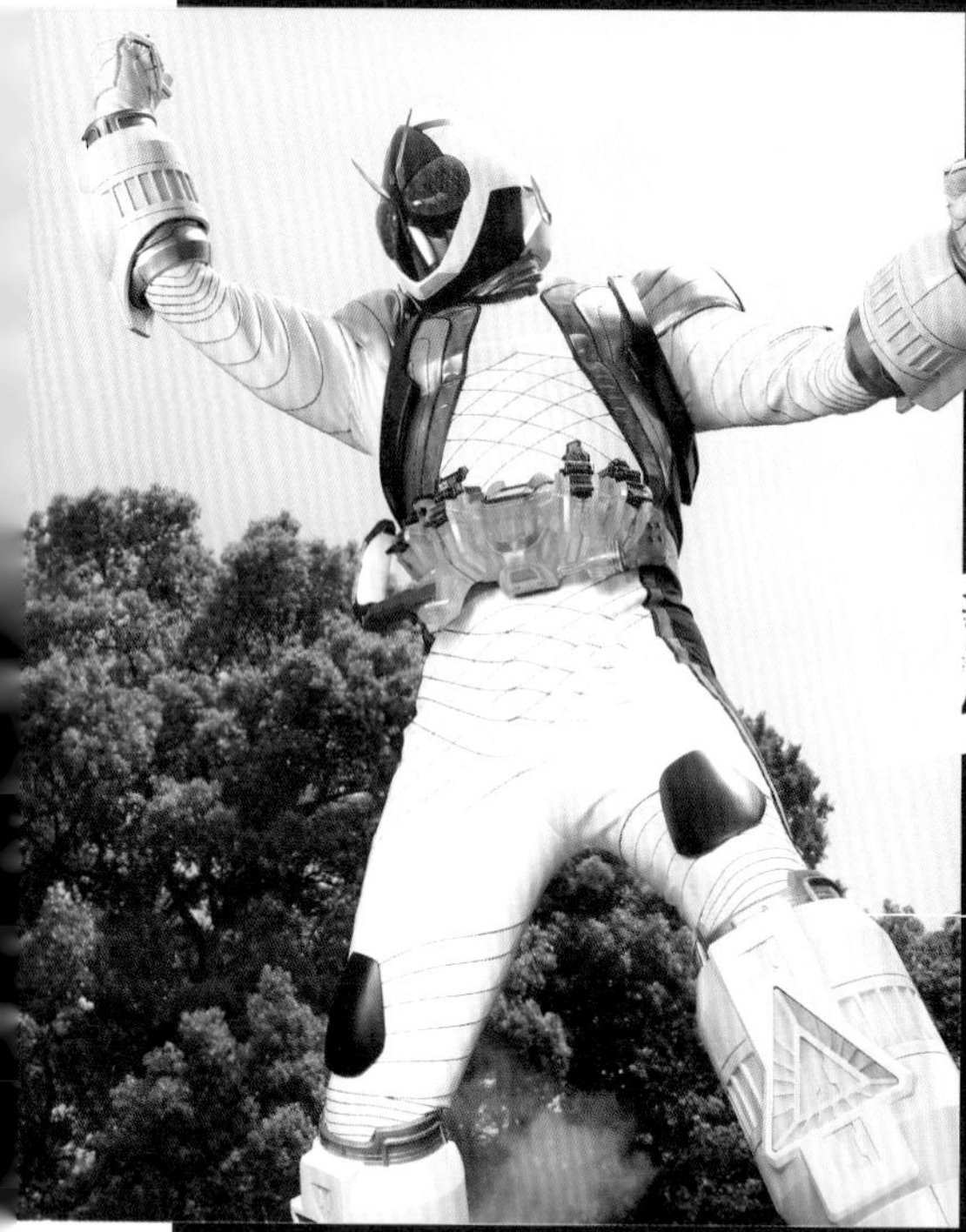

仮面ライダー フォーゼ ベースステイツ

高校生の役がキターッ！　高岩にとって、マジレッドでティーンを演じる方法論は確立していたらしい。コメディを交えられるキャラなのは、幸運だった。

フォーゼでも、連動アイテムが難しかった。グローブでのスイッチ操作、4つを挿す操作手順が大変だったという。

キバのキャラ設定

瀬戸っち（瀬戸康史）[※1]は、『仮面ライダーキバ』[※2]で紅渡を演じる前に少し演技経験があったみたいです。良太郎とはまた違う性質ともいえる、独特なはかなげなムードがありました。ご近所のおばさんから「お化け太郎」なんて呼ばれている引きこもり設定とも相まって、最初の渡には熱い男とは真逆の可愛らしさを感じましたね。瀬戸は顔の作りが、そもそも柔和なんですよ。そんな人物なのに、内部でなにかが目覚めると、その本質があらわになる。アギトの翔一みたいに記憶がないわけじゃなくて、そこになんらかの意思がちゃんと潜んでいるんです。アクション監督が竹田さんになったことにより、アクションのテイストは、それ以前の数作とは全然違うものになりました。ヒーローのキバもカブトみたいな素立ちではなく、やや前屈みです。渡のキバへの変身も、血管が沸き立つといった怪奇ムードを意識したもので、キバを異形の存在として捉えての演出でしたので、竹田さんはキバを異質なものとして表現しようとしたんだと思います。渡もファンガイア[※3]と人間のハーフですから怪物感が欲しかったんでしょう。

※1
瀬戸康史
俳優。1988年生まれ。2006年、舞台『ミュージカル　テニスの王子様』出演。代表作は、映画『合葬』（2015年公開）、ドラマ『恋空』（2008年）、『ルパンの娘』シリーズ（2019年～2020年）ほか。

※2
『仮面ライダーキバ』

2008年1月27日～2009年1月18日、テレビ朝日系で放送。1986年、天才バイオリニストの紅音也は歴史の陰で行われていた、人間とファンガイアとの戦いに巻き込まれることに。そして22年後、音也の息子、渡はキバットに噛まれて仮面ライダーキバに変身、戦いの渦中へ。仮面ライダーシリーズ作品。

1年を通しての物語は、さまざまな展開を通じて徐々にその核心に近づいていくという性質でしたので、それに応じて渡とキバがすり寄っていくという感じはありました。現代と22年前のストーリーが並行して進んでいくという構造はじつに意欲的な試みでした。あと、ラブストーリーの要素がとても強いことが印象的です。

この時はキバだけじゃなく、ガルル※4もやっています。でもガルルは、モモタロスみたいにいろいろな面白さを引っ張るようなキャラじゃなかったし、ドッガの永徳やバッシャーの神尾直子との芝居もさほど多くなかったので、もっぱら戦いのアクションをする戦士という感じでした。人間態の次狼※5を演じた松田賢二※6さんの出番のほうが全然多いんじゃないでしょうか。

キバがエンペラーフォーム※7に進化するじゃないですか。その時に考えたんです。ファンガイアの王としての気質を出したほうがいいのか、出さないほうがいいのかということを。それで、結果として、僕はその気質を出していないと思うんです。渡は生まれながらのエンペラーであって、戦うにしたがって渡とキバのイメージは近づくんですが、それは本質が見えてくるだけであって、渡自身の成長物語が底流にあるわけではありませんので。つまり、渡は物語に巻き込まれただけの人物なんです。ですから、試練を得て人間的に成長するのはむしろ音也のほうで、ドラマとしても音也のほうがフィーチャーされているような気がするんですよね。

恋愛ドラマのアクションと2つの時代

※3
ファンガイア
ファンガイア族の怪人の呼称。人間のライフエナジーを吸い取って生きている。

※4
ガルル、ドッガ、バッシャー
アームズモンスターたち。ガルルは狼男、ドッガはフランケンシュタインの怪物、バッシャーは半魚人。武器に姿を変え、キバをフォームチェンジさせることができる。

※5
次狼
ガルルの人間態。ワイルドな性格で、コーヒー好き。ドッガは力、バッシャーはラモンを名乗る。

渡の彼女が新たなファンガイアの女王に目覚め、変身後も恋愛感情を引きずって戦うというシチュエーションは、過去にはない展開でした。愛しているのに倒さなくっちゃいけないという、葛藤の芝居ですからね。その葛藤を表現しただけです。でも、僕は男ですからね、もう少しグイグイ押していけるようなストーリーを求めるんですよね。主人公が戦うことに躊躇してしまうと、「戦えよ！　ライダーキックしろよ！」って思っちゃうんですよ（笑）。

レギュラーだった[※8]スパイダーファンガイアの人間態（糸矢僚）役の[※9]中野裕太は、個性的な役者さんで、雰囲気も異質だしよかったですね。ファンガイアはそれに代表されるように人間態がけっこう個性的で、人間と恋愛をするような心がある怪人も何体か描かれています。過去のキングも印象的な俳優さん（[※10]新納慎也）でしたけど、じつは、なぜ過去のキングと戦っているのかがいまいちわかりませんでした。「あのお父さんは、どう悪い人なの？」って。考えてみると過去キングが変身するダークキバもやっていますが、キングが単純に悪い人とも思えず、ですから、『キバ』においては、その場面を自分なりに解釈してというより、言われたとおりにきちんとやるというほうに振れていたのかなと思います。

2つの時代の両方に登場する人物で、喫茶店のマスターの（[※11]木下）ほうかさんだけが全然外見に変化がなかった。22年経っても、まったく老けた様子がないんですよね。あまりにも変わらないので、そこに絶対なにか大きなことがあるのかと思っていました。マスターの飼い犬は22年前は子犬で、現代では大きな老犬ですからね。現場でもその不老ぶりに、「絶対になにかある」って話していたんですが、最終回までいっても、メインストリームにまるで関わらないた

※6
松田賢二
俳優。1971年生まれ。映画『VERSUS　ヴァーサス』（2001年公開）でデビュー。ドラマ『仮面ライダー響鬼』ではザンキを演じた。代表作はVシネマ『外伝　麻雀放浪記』シリーズ（2002年〜2003年）など。

※7
エンペラーフォーム
仮面ライダーキバが魔皇竜タツロットによりファイナルウエイクアップした本来の姿。

※8
スパイダーファンガイア
人間態は、糸矢僚。口から吐く糸で、相手を縛り上げる。美女のライフエナジーを好む。

だのマスターで、コーヒーを出すだけだった。「何にもないんかい」（笑）でしたね。

ディケイドのふてぶてしさ

『キバ』みたいな構造のシリーズは、もう出ないんじゃないでしょうか。もし、またやろうとするなら、かなりの勇気がいりますよね。Vシネマでとか、比較的制約の少ないメディアでならこういった深さも可能かもしれませんし、場合によってはもっと突っ込んだことができるのかもしれないですけど。『仮面ライダーディケイド』は、「平成仮面ライダー」10年目の区切りであり、お祭りを強く意識してパラレルワールドを旅する仮面ライダーになりました。でも、主人公の門矢士がなぜ世界を巡っていたのかという理由が、イマイチよくわからないんです。[※12]井上正大が演じる士は天道に通じるような無敵性をアピールしていますが、じつはどこか抜けている面もあり、渡り歩く世界を散らかすだけ散らかしていくというイメージがあります。士が[※13]夏海を「なつみかん」と小バカにするキャラクターだったので、ディケイドを演じる際には何事も上から目線で、「俺様」というイメージにしました。天道はまっすぐでしたけど、士はただふてぶてしい「俺様」。で、巧とはまた違う無愛想でもある。ですから、振り向く時でもダラリと振り向く感じなんです。あとは、折々でセリフに合わせた、上から目線のムードをまとわせていった感じでしょうか。性格に基づく演技ポイントは意外といくつもあり、士のキャラはつかみどころがなさそうで割合とありました。

※9
中野裕太
俳優。1985年生まれ。糸矢僚を演じた時の芸名は創斗。本作で俳優デビュー。代表作は映画『もうしません』（2015年公開）など。

※10
新納慎也
俳優。1975年生まれ。NHK大河ドラマ『真田丸』（2016年）の豊臣秀次役で好評を博する。舞台『恐れを知らぬ川上音二郎一座』（2007年）以降、三谷幸喜作の舞台に多く出演している。

※11
木下ほうか
俳優。1964年生まれ。映画『ガキ帝国』（1981年公開）でデビュー。バラエティ『痛快TV スカッとジャパン』（2014年～）のイヤミ課長役でブレイク。代表作は映画『民暴』（2016年公開）、ドラマ『チア☆ダン』（2018年）など。

あと、この時期になると、キャラクターに特有の癖をアクションに取り込むことが求められるようになっていました。ファイズを演じた時、田﨑監督から要望を出されたことが最初だったと思います。その時は両手を垂らして中腰になるとかして、巧特有のけだるさを出すようにしました。それで、カイザ[※14]が登場すると、田﨑監督は伊藤にもクセを要求されたんです。伊藤が「草加には、クセとかないですよ」と言いながらも捻り出したのが、甲冑の首元を整えるみたいな苦肉の策に近いしぐさで、あれは首元が苦しいときにスーツを調節する動きでした。キャラクター像のためにクセを加えるようになったのはそれ以降で、ちょっとしたことでいいとはいえ、毎回はけっこう難しいんですよ。それで、ディケイドでも、ポーズほど大げさなものではなく、象徴するような所作を「なにかありましたら」って田﨑監督はおっしゃいました。内心、「何にもないですよ」って思ったんですが、たまたま出たのが、ライダーキックの後、着地で手をついたときに両手をパンパンと払うしぐさでした。あとは剣の刀身をなでるようなしぐさですね。このあたりで、士のふてぶてしさが表現できればいいなと思っていたんです。

さまざまな「仮面ライダーの世界」

エピソードごとに過去に担当した仮面ライダーの世界に行くわけですけど、世界ごとにかつての世界観を反映させたように再構成しようとか、そういったことは考えていません。「アギ

※12
井上正大
俳優。1989年生まれ。2008年、舞台『ミュージカル　テニスの王子様』で俳優デビュー。代表作は『牙狼―GARO―』シリーズ(2015年～)など。舞台も多数出演。

※13
夏海
光夏海。光写真館の受付をしていたが、士と旅をすることに。

※14
カイザ
仮面ライダーカイザ。草加雅人が主に変身。

※15
夏の劇場版
映画『劇場版 仮面ライダーディケイド　オールライダー対大ショッカー』(2009年８月８日公開)。監督・金田治。士がついにたどりついたのは、自分の世界だった。大ショッカーに捕らわれた士は自分の真の正体を思い出す。

トの世界」とか「龍騎の世界」とかを渡り歩くわけですけど、それらはすべてパラレルワールドなわけですから。それぞれの世界に存在する津上翔一や城戸真司にはオリジナルとは違う俳優さんが起用され、その人たちが仮面ライダーに変身するんです。そして、その仮面ライダーは永徳かナベ（渡辺淳）あたりがやってくれている。ですから、その世界はそのイメージでいいと思うんです。無理にそこを変える必要はないんですね。たとえば、ディエンドをやる前の永徳は、ファイズやキバ、ブレイドを演じてくれているんです。その時、たとえばファイズのムードの出し方などを永徳は僕に尋ねています。でも、その時の僕は、そのキャラクター像をかつてに合わせることがピンとこなかった。なので、「別物にしちゃっていいよ」と答えたんです。別の世界ですから、オリジナルのことを必要以上に気にすることは、必ずしも有効ではないと思ったんですね。むしろ、前作を気にしないほうがかえっていいんじゃないかと。みんなが、過去に引っ張られ過ぎないほうがいいと考えたんじゃないでしょうか。その後、シリーズ後半になるにしたがって脚本や演出にもどんどん独自色が出てきて、「電王編」などは、ほぼほぼオリジナルな雰囲気でしたよね。言ったと思いますが、この時の僕はモモタロスを優先して演じていますので、ディケイドはほとんどナベがやっています（笑）。それとは別に、ディケイドはちょくちょくカードでアギトや龍騎や響鬼などになりますけど、そちらは僕がやっています。あくまでも士としての過去ライダーを演じていましたが、あれは面白かったです。

　第1話の冒頭で、過去の仮面ライダーたちが爆発の中で立ち回るじゃないですか。現場には過去の仮面ライダーが持ついろいろな小道具が大量に運び込まれていて、「なつかしいな」な

※16
倉田てつを
俳優。1968年生まれ。ドラマ『仮面ライダーBLACK』の南光太郎役でデビュー。映画デビューは『べっぴんの町』（1989年公開）。ドラマ『君の名は』でブレイク。

※17
渡辺勝也
監督。1965年生まれ。『恐竜戦隊ジュウレンジャー』で監督デビュー。以後、『忍者戦隊カクレンジャー』で最多演出を務めるほか、メタルヒーローシリーズ、仮面ライダーシリーズなど多くの作品を担当。

※18
桐山　漣
俳優。1985年生まれ。代表作はドラマ『コードネームミラージュ』（2017年）、『青きヴァンパイアの悩み』（2021年）など。

※19
サイクロンジョーカー
ドラマ『仮面ライダーW』の基本形態。翔太郎とフィリップが変身する。

んて話していたんですが、田﨑監督によるあのシーンの描写は、オンエアで観て「あ、さすがだな」と思いました。仮面ライダーたちが突っ込み、バイクが突っ込み、キャッスルドランといった大物も飛行して大挙突入していく。それで、そんな大群なのにみんなが何者かにやられてやられて、やがてその相手が1人であることが窺え、それがディケイドだとわかる。この仮面ライダー大戦のイメージは、シリーズのオープニングとして、ものすごく面白く撮れているなと思いました。これから始まる物語がぜん楽しみになるし、ディケイドの底知れなさも表現されていましたよね。夏の劇場版[※15]にも過去の仮面ライダーが登場しましたけど、やはりこの冒頭イメージはどこか引きずっていますね。楽しい作品になったと思います。

なんて言っているうちに、テレビシリーズが「RXの世界」とか「アマゾンの世界」とかになっていきました。「なんで?」とは正直思いましたが、確かに面白い展開でもありました。倉田てつを[※16]さんが、BLACKとBLACK RXを二役で演じられたことは、すごかったです。個人的にBLACKは大好きですので、倉田さんが渋いカッコよさになっていたことが嬉しかったし、目の前で変身ポーズをやられたことも本当に楽しかったです。そして、「アマゾン」の前後編の監督を長石さんがおやりになったことも、非常に思い出深いですね。フォローに愛弟子の1人、渡辺勝也[※17]監督がついていらっしゃいました。長石監督はお体の調子があまり良くなかったようでもあり、そのため、お2人が掛け合いでいろいろな演出を決められていたんです。その様子はホカッとするもので、僕にとってはこれが長石監督との最後の仕事ですので、特に印象に残っているんです。

※20
『探偵物語』
1979年9月18日～1980年4月1日、日本テレビ系で放送。原案・小鷹信光、主演・松田優作。私立探偵の工藤俊作が街で起こる様々な事件を解決していく、ハードボイルドドラマ。

※21
ファングジョーカー
仮面ライダーWの形態の1つ。ほかの形態とは違い、フィリップの体をベースとしている。

※22
菅田将暉
俳優。1993年生まれ。ドラマ『仮面ライダーW』が連続ドラマ初出演。代表作は映画『共喰い』(2013年公開)、『あゝ、荒野』(2017年公開)、ドラマ『3年A組―今から皆さんは、人質です―』(2019年)、舞台『カリギュラ』(2019年)など。ミュージシャンとしても『まちがいさがし』(2019年)、『虹』(2020年)ほか多数。

新たなターン、『仮面ライダーW』

『ディケイド』が終了し、次の『仮面ライダーW』は「新たな10年を立ち上げよう」ということで制作されています。仮面ライダーWというキャラクターは、ガイアメモリのパワーを反映させて左右の色がさまざまに入れ替わり、スペックもどんどん変わる仮面ライダーです。でも、そのスタイルはとてもシンプルでしたからね、演じる者としてはかなり動きやすかったんです。面白かったのは、色によってペイントが違うため、ペイントの性質によってスーツが固まりやすいとか固まる具合が違うとか、固まらないため柔らかいとかいう違いがあったことです。そのバランスにより、テンションが左にかかっているとか、右は動きやすいけど左は動きにくいとか、バランスはフォームによっていろいろでした。とはいえ、全般的にはとても動きやすいスーツで、助かりましたけどね。

まず、[※18]桐山漣(きりやまれん)が演じる翔太郎(しょうたろう)の人物像が、「ハーフボイルド」であるということを聞きました。半人前の探偵ということですので、一人前のハードボイルドの鳴海荘吉(おやっさん)を意識して背伸びをするけれどポンコツ感がある。[※19]サイクロンジョーカーの時は、そんなイメージで役を作っています。カッコはつけるんだけど、なにかがもう一歩足りない。それで、ちょっとズッコケる感じもあって愛される。そのあたりを表現したつもりなんですけど、自分としてはけっこう好きなキャラクターです。それで、桐山には役作りのうえでクセをつけてみることを提案しまし

※23
黒沢直輔
監督。1945年生まれ。日活で多くの作品の監督を務めた後、ドラマ『あいつがトラブル』(1989年～1990年)、『はだかの刑事』(1993年)なども監督。

※24
『ベイシティ刑事』

1987年～1988年、テレビ朝日系で放送。主演・藤竜也、世良公則。横浜・港町署の「別動班」の4人の活躍を描く。

※25
『さすらい刑事旅情編』

1988年～1995年、テレビ朝日系で放送。主演・宇津井健。鉄道警察隊・東京丸の内分駐所の捜査を描く。

※26
アノマロカリス
アノマロカリス・ドーパントのこと。ドラマ『仮面ライダーW』第5話「少女……A／パパは仮面ライダー」(2009年10月4日放送)と第6話「少女……A／嘘の代償」(2009年10月11日放送)ほかに登場した。

た。翔太郎はチョッキを着てハットを被って、『探偵物語』[※20]を彷彿とさせたので、たとえば帽子を落としたらそれを拾った時に「フッ」と息を吹きかけてから被り直すキザな雰囲気を狙っています。そのクセの理由に言語化できるような意味はないんですけど、作品のムードからの逆算の面もありましたね。そんなしぐさから、人格が垣間見えるようになればいいなということでもあります。あとは、帽子のツバをさするとか、人を指さすときはただ指すんじゃなくて、脇を締めてちょっとチャラい感じを出すといいんじゃないかなんてことも話しています。

主人公のバックヤードが探偵でしたから、個人的にも好きな世界観だったんです。ですから、翔太郎については「こういうふうにやってみれば?」とか「こういうことをやってみたよ」といったことをより積極的に提案したし報告したし、なによりも人物像がしっくりきてやりやすかったんです。で、逆にファング[※21]ジョーカーの役作りについては悩んじゃいました。通常、菅田将暉[※22]が演じたフィリップの意思は合成によるWの目の点滅で表現されていて、そのボディはあくまでも翔太郎のものでした。でも、そのうちフィリップが司るボディで翔太郎の意思が目のピカピカで表現されるフォームが登場することは当然、予想できますので、「フィリップどうしようかなぁ」とは、初期からずっと考えていたんです。でもフィリップの背景についてはいろいろと謎を秘めていましたので、その人物像についての情報量が少なく、顎を触る共通点くらいしか見いだせなかったんです。

ファングジョーカーの野性っぽい味つけは、アクション監督の宮崎さんですね。まずは、ファングというコンセプトからです。そして、フィリップが行動をコントロールしきれないと

※27
藤　竜也
俳優。1941年生まれ。映画『望郷の海』(1962年公開)で日活ニューフェイスとしてデビュー。代表作は映画『龍三と七人の子分たち』(2015年公開)、ドラマ『特命刑事ザ・コップ』(1985年)など。

※28
柴田恭兵
俳優。1951年生まれ。『大都会PART II』(1977年～1978年)でドラマ初出演、『大追跡』(1978年)で初ドラマレギュラーに、『赤い嵐』(1979年～1980年)で連続ドラマ初主演。代表作は映画『チ・ン・ピ・ラ』(1984年公開)、ドラマ『俺たちは天使だ!』(1979年)、『あぶない刑事』シリーズ(1986年～1988年)、など。

いう設定がありましたから、思いっきり「うわぁぁぁ」ということで、獣っぽいアクションにしてみようかということになりました。オオカミみたいに飛ばして制御できないところで、精神内にいる翔太郎が「やめろ！」って強く語りかけることで動きが止まる。そこを印象的に押す演出でしたから、その表現のために暴走っぽい感じは強調しなきゃいけなかったんです。そのため、最初は思いっきり暴れることになりました。そんな流れで生まれたアクションでしたけど、パワフルなキャラクターが印象的でしたから、フィリップがファングジョーカーをコントロールできるようになっても、獣チックなアクションは残すことになったんです。劇場版の絡みもありましたから、もしかするとこれらのファングジョーカーの味つけには、田﨑監督の意向も入っているのかもしれません。

新たに参加された監督

第5～6話で、黒沢直輔(くろさわなおすけ)[※23]さんという監督が演出をされました。日活映画の出身で、東映では『ベイシティ刑事(コップ)』[※24]や『さすらい刑事旅情編』[※25]などの刑事ドラマをやられている方でした。個人的に、めっちゃ観ていたドラマをやられている監督ですからね、すごく記憶に残っています。特撮のジャンルは初めてということで、撮影の進め方は周囲の意見をすごく細かく聞きながらの丁寧なものでした。お芝居の部分の演出についてはさすがなんですけど、あまり前に出ない姿勢でいらっしゃって、アクションについてはほぼ、ご意見をおっしゃらなかったです

※29
坂本浩一
監督・アクション監督。1970年生まれ。1989年に渡米、ドラマ『パワーレンジャー』シリーズの監督・アクション監督(後に製作総指揮)を務める。一時帰国した際に映画『大怪獣バトル ウルトラ銀河伝説 THE MOVIE』(2009年公開)を監督、さらにドラマ『仮面ライダーW』の第21・22話ほか、映画、Vシネマを監督。以後、仮面ライダーシリーズ、スーパー戦隊シリーズ、ウルトラマンシリーズの監督ほかを多く務める。

※30
夏の劇場版
※34の映画『仮面ライダーW FOREVER A to Z／運命のガイアメモリ』(2010年8月7日公開)。

ね。任せていただけたというか。見えないアノマロカリス※26に空中から攻撃される場面があるんですけど、Wがその弾丸をかわす芝居については、ちょっとチャラい感じの足運びでやっていたことをよく覚えています。その時は、藤竜也※27さんとか柴田恭兵※28さんとかの動きというか、トッポいキャラクターのイメージが頭にあったんですよね（笑）。

あと、この作品が初めてになる監督は、坂本浩一※29監督ですよね。テレビが先でその後に夏の※30劇場版を演出されたと思うんですが、最初にご挨拶した時、年齢がほぼ同じだなぁと思いました。監督だけどご自身もアクションを身につけたプレーヤーであることは噂に聞いていて、アクションテイストはワイヤーに厚いとは聞いていたので、「頑張らなきゃ」と思いつつ覚悟はしていたんです。それで実際にやってみると、僕がそれまで経験していなかったようなワイヤーアクションで、飛ばされてコンクリートに叩きつけられるまでをワンカットで見せることが狙いのものでした。かなり、ドキドキしたことは事実です（笑）。アクションの基本をつけるのは宮崎さんですけど、監督がそこにアイディアを加えてくる。「こういうのできます？」とか「まだ、このくらい動けますよね？」とか、ご自分が動けるので、実際にその動きをされるんですよ。こちらは枷の多いスーツを着ているので勘弁してほしいという気持ちはあるんですが、監督がやっているんだから、「はい、やります」と言ってしまう。その後に夏の劇場版の撮影が控えていますので、監督たるもの劇場映画ではもっと力を入れることは間違いないと踏んでいて、こちらとしても負けじと体を張っておこうと考えたんですね。それで、予想どおり、劇場版は後にも先にもないレベルでさらに体を張ることになります（笑）。

※31
中村浩二
スーツアクター。1967年生まれ。ドラマ『ウルトラマンティガ』から『ウルトラマンガイア』でメインのウルトラマンのスーツアクターを権藤俊輔との兼任で担当。俳優としても活躍。

※32
須藤元気
格闘家・政治家。1978年生まれ。K-1、HERO'Sなどで活躍するが2006年格闘家を引退。2019年、参議院議員選挙の比例区で初当選。著書多数。

※33
出合正幸
俳優。1981年生まれ。ドラマ『轟轟戦隊ボウケンジャー』で高丘映士（＝ボウケンシルバー）、『獣電戦隊キョウリュウジャー』で鉄砕（＝キョウリュウグレー）を演じた。

夏の劇場版は、敵の変身前に倉田プロモーションに所属されている中村浩二[※31]さんや格闘家として有名な須藤元気[※32]さん、それにアクションが得意な出合正幸[※33]さんなどがいらして、全編ががっつりとアクションばかりでした。ワイヤーも多かったですし、アクションのテンポもバランスがいいものでした。坂本監督の演出手法はあちら仕込みですからね、キャメラワークをはじめとする撮影技法や演出技法にスピード感があるんです。しんどかったのは事実ですけど、『仮面ライダーW　FOREVER』[※34]という映画は、自分のなかではいまでもかなり好きな作品ですね。あの映画でよく覚えていることは、桐山が「俺一人の仮面ライダー」だと言って、仮面ライダージョーカー[※35]にものすごく入れ込んでいたことです。とても喜んで、「ジョーカーを作り上げたい」って。そうはいっても、ジョーカーをやるのは僕なんですけどね(笑)。それはそれとして、この時のジョーカーの単独変身に至るまでの翔太郎は、頑張った桐山の1つの到達点だと思いますよ。ジョーカーは一人変身ですから、通常よりも濃く翔太郎感を漂わせているつもりはあります。黒い仮面ライダーは、やはりカッコいいですしね。

ジョーカーは最初、ヒート・ドーパント[※36]という敵と対決します。その時、坂本監督からオーダーがありました。トドメのキックに入る前に、仮面ライダー1号のあの「シャキーン」という戦闘ポーズを入れてほしいと。で、あからさまに入れるのにはちょっと抵抗があったので、やや濁した感じでやったんです。で、そのシーンを試写で観たら、そこに「フィーン」っていう1号のタイフーン音が入っているので、ちょっとのけぞりました(笑)。そのヒートの後は、中村さんのメタル・ドーパント[※37]と戦います。すると、監督が今度は2号ライダーのポーズでパ

※34
『仮面ライダーW　FOREVER』
映画『仮面ライダーW FOREVER AtoZ／運命のガイアメモリ』(2010年公開)。監督・坂本浩一。傭兵集団NEVERのテロにより、風都の市民がドーパントになってしまう事件が発生。そして、NEVERの仮面ライダーエターナルがWとアクセルの前に立ちふさがる。

※35
仮面ライダージョーカー
翔太郎が単独で、ロストドライバーとジョーカーメモリで変身する仮面ライダー。

※36
ヒート・ドーパント
羽原レイカが変身するドーパント。高熱の炎と素早い動きを生かした戦闘が得意。

ンチを入れてほしいということをおっしゃいます。「Wに関係ないだろ」とは思ったんですけど同世代ですからね、坂本監督の昭和ライダーをリスペクトしたい気持ちもわかるので、その2号ポーズも濁しながらアクションに入れています。

桐山は最近の連続ドラマ、『コードネームミラージュ』[※38]で、ハードボイルドな役をやっていて、けっこうアクションがサマになっています。『W』での翔太郎は身を挺して戦うというキャラクターではなく、襲ってきた敵をあしらってから、「フッ、……変身」といった感じで動きを収めていましたからね。ですからアクション的な動きは、せいぜい転がるくらいでした。おそらく、桐山は、体は硬かったほうだと思います。本当なら、撮影のある前日にアクションの練習をして体を慣れさせ、そのうえで現場に挑むのがいいのですが、そういった余裕のあるスケジュール取りは現実的にはほぼ無理なんです。ですから、変身前を演じる桐山たちに激しいアクションをさせるわけにはいかないという面もあるんですね。番組の撮影が始まる直前に、出演者に集ってもらい、基本的なアクションについて知ってもらうというトレーニングは毎年やっています。受け身の練習とか基本的な蹴りの動きとか、トランポリンの踏み方とかを覚えてもらいます。あと、実際にいちばんやってもらうことが多い、サマになる転がり方については、もちろん知ってもらっていますね(笑)。

※37
メタル・ドーパント
堂本剛三が変身するドーパント。頑丈な体と重い武器でのパワー攻撃が得意。

※38
『コードネームミラージュ』
2017年4月7日～9月22日、テレビ東京系で放送。原作・広井王子、主演・桐山漣。法律で罰することのできない巨悪を抹殺する、ミラージュとその仲間たちの活躍を描くアクションドラマ。

第八章 次の10年へのステップ

『W』からの『仮面ライダーオーズ』

Wが風都という狭い地域で活躍していたのに対し、火野映司は広い世界を放浪して帰ってきた人物で、『仮面ライダーオーズ』[※1]の物語世界はバックに広さのある設定でした。映司の思想は「少しの小銭と替えのパンツがあればいい」といった、いたってシンプルなもので、人生はどうにでもなるみたいな達観がそこに感じられました。そんな最初の映司像から、まっすぐでバカ正直という演技の方向性がスッと入ってきたんです。やがて判明しますけど、その想いの背景には「手を伸ばしさえすれば届いたのに」という辛すぎる経験があり、そこが映司の深さであり難しさになっていきます。

前半のオーズは、まっすぐでバカ正直な映司の人柄を徹底して追求しています。その人物理解の好例は、僕としては春の劇場版、『レッツゴー仮面ライダー』[※2]だと思います。映司がベルトを奪われて広場で磔になるんだけど、広場に集まった人々の協力もあってベルトが奪還できる。そこで映司は仮面ライダーオーズに変身して悪に反撃をかけますが、敵に突っ込む際に後

※1
『仮面ライダーオーズ』

2010年9月5日～2011年8月28日、テレビ朝日系で放送。世界を放浪する青年・火野映司は腕だけとなったアンクからオーメダルを受け取り、グリードのヤミーと戦うために仮面ライダーオーズに変身する。仮面ライダーシリーズ作品。

※2
『レッツゴー仮面ライダー』

映画『オーズ・電王・オールライダー　レッツゴー仮面ライダー』(2011年公開)。監督・金田治。NEW電王と過去に行ったアンクのせいで、歴史が変わり、日本はショッカーの支配下に。そのショッカー最強の戦士こそ仮面ライダー1号・2号だった。

ろを振り向き、手を貸してくれた人々にきちんとお辞儀をするんです。あれは、「本番！」の声がかかってから、いきなりアドリブでやってみたんです。金田社長が監督だったんですけど、「高岩、お辞儀すんのか、お前？」っておっしゃいました。で、「ダメですか？」って聞いたら、「いいよ、次いこう」っていうことでした。おそらく史上初、仮面ライダーが頭を下げてお礼をした瞬間じゃないかと思います。どう考えても悠長にお礼を言っている場合ではないんですが、映司は礼節を重んじ、気持ちを形で表す人間であるということなんです。そう意味からも、映司という人間は好きです。セリフを入れたのは（渡部[3]）秀なんですけど（笑）。

映司の相方のアンクを演じた三浦涼介[4]君は、最初はリアルにどんな人物かという部分を把握しかねていました。現場で笑うときは笑うんだけど、笑わないときはまったく笑わない。彼の笑いのツボは、けっこう謎でしたね。気難しい人物というわけではないんですけど。彼は『オーズ』の前にも演技の経験がかなりあって、とてもうまかったですね。アンクのときと比奈ちゃんのお兄ちゃんの刑事さんの状態のときの違いや、刑事さんにアンクが入って突然、役柄のシフトがチェンジする様子とか、ホントにうまかった。だいたいはアンクの状態でしたけど、単純な粗暴とか、そういう感じではなく、怖すぎない適度なさじ加減でどこかにギラッとしたものがある。気性の激しさの表現が、とても絶妙だったんです。そんなアンクと映司はコンビのようになっていくわけですけど、この2人のバランス感は、なかなか得られるものではありません。その後、何年か経って劇場版の『平成ジェネレーションズＦＩＮＡＬ』[5]で2人のコンビは復活しましたけど、2人ともビックリするほど変わっていませんでした。演技での掛

※3
渡部　秀
俳優。1991年生まれ。テレビ『仮面ライダーオーズ』で火野映司を演じる。代表作はドラマ『科捜研の女』（2017年正月スペシャル・シーズン16第9話～。2017年1月3日～）など。

※4
三浦涼介
俳優。1987年生まれ。テレビ『仮面ライダーオーズ』でアンクを演じる。映画『おぎゃあ。』（2002年公開）でデビュー。ドラマ『超星艦隊セイザーX』（2005年～2006年）でケインを演じる。舞台など多数出演。

け合いの呼吸もぴったりで、『オーズ』のシーズン2もやっていけると思いましたね(笑)。

コンボチェンジとメダルの苦労

秀も漣に負けず劣らず、仮面ライダーへの愛がとても強かったですね。オーメダルの組み合わせでオーズのコンボが変わるたび、ポーズの手の形を変えてほしいと強く主張したのは彼でした。獣系のコンボなら爪を立てたかのような腕の形をとり、海系ならばクネッとした雰囲気で。鳥系なら翼っぽくとか、新しいコンボが登場するたびに、手を考えて秀の希望に応えていましたけどオーズってコンボが多いですからね、ネタが尽きてきたんです。最強形態の恐竜、プトティラ[※6] コンボの時、最初に考えた形を秀に見せたら、「それ、トラ[※7]のですよ」と言われてしまいました。「もうないよ、限界だよ」と言ったんですけど、「でもやりたいです、作りたいです！」って、食い下がられました(笑)。それで、なんとかひねり出したんですよね。

オーズはコンボのために、メダルを3個ベルトにセットするじゃないですか。そしてベルトのメダル挿入部を回すとそこが斜めになります。そのパーツが斜めになったとき、メダルの模様が3枚とも、視聴者にきれいに見えるようにベルトにメダルを入れないといけないんです。これが、まぁ難しい(笑)。全身が映っているようなロングカットなら、微妙なメダルの角度はわからないのでそこまでは問われないんですけど、マスクを被っての視界でやるわけですから、そもそもメダルを挿入すべきベルトの穴がよく見えない(笑)。スムーズに入れることさ

※5
『平成ジェネレーションズFINAL』
映画『仮面ライダー平成ジェネレーションズFINAL ビルド＆エグゼイドwithレジェンドライダー』(2017年公開)。監督・上堀内佳寿也。謎の戦士カイザーによって仮面ライダークローズが送り込まれたのは、仮面ライダーエグゼイドの世界だった。しかも24時間後、この2つの世界は消滅してしまうというのだ。

※6
プトティラコンボ
仮面ライダーオーズの形態の1つ。プテラ、トリケラ、ティラノのオーメダルによって変身できるが、暴走することも多い。

え、難しいのです。それでも、やっているうちに、入れるだけなら入れられるようにはなりましたけど。でも問題は、ベルトがアップで映り、「ジャンジャンジャン！」となるところでした。あれはちゃんと僕が、3枚の角度を絶妙に合わせて入れています。で、やってみると、「よし！　あ、1枚ずれている、惜しい」となり、「ちょっ、ちょっと待って、あと3回ちょうだい」で頑張って、「ダメ、やっぱ無理無理」となる（笑）。最初のパイロットの時はまだ、どうしてもベルトを見てメダルを入れているんです。メダルを入れ替える時も、ベルトを見ています。オンエアでそのあたりの様子を観て、我ながら、さすがにみっともないなぁと思いました。次からはベルトを見ないようにしてやろうということは決め、なんとかその後の1年間、ベルトを見ないでメダルの作業はやっていたんです。

京都撮影所でガッツリ

夏の劇場版[※8]は、本格的に京都太秦の東映京都撮影所で撮影する作品でした。メインゲストがなぜか暴れん坊将軍[※9]で、「マツケンサンバ」もフィーチャーされて楽しかったです。あの時、レギュラーキャストと僕は、本隊チームより少し早めに京都入りしています。そして、東映俳優会館の楽屋で松平健（まつだいらけん）[※10]さんにお会いして、まずは1人ずつご挨拶をしたんです。「主演の渡部秀です」に始まり、「アンクの三浦涼介です」「比奈役の高田里穂（たかだりほ）[※11]です」と順番に自己紹介をするんですけど、東映京都の人に「……中の人ですね」っていう振りをされて、僕は「中の人を

※7
トラの
タカ、トラ、バッタのオーメダルによって変身する「タトバ コンボ」のこと。

※8
夏の劇場版
映画『劇場版 仮面ライダーオーズ WONDERFULL 将軍と21のコアメダル』（2011年8月6日公開）。監督・柴﨑貴行。

※9
暴れん坊将軍
1978年1月7日～2003年4月7日、テレビ朝日系で放送。主演・松平健。第8代将軍・徳川吉宗が江戸の町にはびこる悪者たちを成敗していく姿を描く時代劇ドラマ。

やっている高岩です」といった調子の挨拶になってしまいました(笑)。まぁ緊張しましたね。

あの劇場版のメインのアクションは、京都撮影所内にある映画村のオープンセットで多くを撮影しています。そのため、京都撮影所のスタッフの方や俳優部に所属していらっしゃる俳優さんたちのご協力が不可欠でした。JAEの京都メンバーも参加しての撮影でしたから、久しぶりにウチの京都メンバーと合流したことも新鮮でした。その時強く感じたのは、京都の俳優部の方々、昔でいう大部屋さんなんですけど、その太秦魂とでも言うべき心ですね。江戸時代の街の人たちのエキストラを俳優部さんがおやりになるんですけど、映画のキャメラのフレームに入るかどうか、入らないかもしれない位置にスタンバイしている俳優さんたちも熱心に役に打ち込んでいるんです。映っても人影がちらっと見えるくらいであろうことは、おそらくわかっていらっしゃると思うんですよ。それが、まったく手を抜かない。テストから、みなさんが全力投球なんです。何度テストをやってもその演技のテンションがいっさい低下せず、本番までそれぞれの役をしっかりと全うする。太秦のメンバーは、活動屋のプライド、誇りをしっかりとお持ちなんだろうなということが実感できた出来事でした。

それで、いよいよ松平さん、将軍様の登場です。町の人々の中を颯爽と馬に乗って駆けてくる。テレビの『暴れん坊将軍』はそれなりに観ていた方ですからね、松平さんと横並びに立って刀を構えるなんて感無量で、内心「スミマセン！」でした。そして、頭のなかではあのテーマ音楽、「チャーチャチャチャン、チャチャチャーチャチャチャン」がずっと鳴り響いているし、そこに隣から「成敗！」っていう声が聞こえてきて、もう「よっ、将軍！」って(笑)。そんな京都での

※10
松平　健
俳優。1953年生まれ。ドラマ『マドモアゼル通り』(1972年)でデビュー。ドラマ『人間の條件』(1976年)でドラマ初主演。代表作はNHK大河ドラマ『義経』(2005年)、ドラマ『PTAグランパ！』シリーズ(2017年～2018年)など。映画、舞台も多数出演。

※11
高田里穂
俳優。1994年生まれ。代表作はドラマ『悪霊病棟』(2013年)『ダブル・ファンタジー』(2018年)など。

殺陣はＪＡＥの京都所属の先輩につけていただきました。兵隊も東京と京都のＪＡＥの混成だったんですけど、やはり京都メンバーは時代劇的なアクションに慣れていますね。普通、剣劇のリハーサルはそれなりに時間がかかるものなんですけど、松平さんや僕との手合わせをチャチャチャッとやって、「じゃあ、本番にいきましょうか」となり、ババンと終わる。松平さんもお世辞でなく「カッケー、将軍！」と思え、京都メンバーの精神や大御所の仕事などを間近に見られたことは、本当によかったですね。『電王』[※12]の劇場版や『Ｗ』[※13]の京都編などで太秦の撮影所は経験済みでしたけど、これだけガッツリはできませんでしたから。

それで、劇場版の主題歌の「マツケン×仮面ライダーサンバ」[※14]のＰＶの撮影の時、再び松平さんとご一緒しました。あれは、レインボーブリッジ付近の海で撮影をしています。橋の真下に、大きな筏が用意してありました。「なにをやらかすんだろう」って、期待しましたね。松平さんがいらして秀と三浦君たちがいて、ダンサーさんたちがいた。筏が波止場から遠くにいるので戻るに戻れず、リハーサルから本番までお付き合いしています。明るいうちにリハーサルを何度かやって、ナイターで本番になりました。サンバらしく、筏をぼんぼりなどの灯りで飾っていましたね。とても楽しい経験でした。

「宇宙、キターーッ！」あれこれ

『仮面ライダーフォーゼ』[※15]では、坂本監督がメインを担当されました。坂本さんは当時の監督

※12
『電王』の劇場版
映画『劇場版 さらば仮面ライダー電王 ファイナル・カウントダウン』。

※13
『Ｗ』の京都編
第29話「悪夢なＨ／眠り姫のユウウツ」（2010年４月４日放送）、第30話「悪夢なＨ／王子様は誰だ？」（同４月11日）。

※14
「マツケン×仮面ライダーサンバ」
「手をつなごう～マツケン×仮面ライダーサンバ～」（歌・KEN MATSUDAIRA。2011年８月３日リリース）。

陣のなかでは若手のほうでしたので、メインキャストが10代と若いシリーズだということもあり、よかったんじゃないでしょうか。坂本監督は仕事の姿勢が朗らかなタイプなので、若い俳優陣とのコミュニケーションは、かなり丁寧にとっていらっしゃったようです。番組の世界観も天ノ川学園という学校ありきで、そこはアメリカンスクールのようなノリの高校でした。そんな場所に如月弦太朗が転校してくるんだけど、それが昔ながらの「番長系」というか「ヤンキー系」というか、場所とミスマッチの男だった。そんな一介のアナクロな高校生、弦太朗が仮面ライダーということでしたから、フォーゼのキャラ造形についてはヒーローを意識するというよりは、演じる[※16]福士(蒼汰)がまとうイメージに寄せていった感じはありますね。

フォーゼの「宇宙、キターッ!」というセリフは早い段階からキャッチフレーズとして使われていて、あの大の字になるポーズのヒントを見つけたのはテレビシリーズのクランクイン前、予告映像を撮影した時ですね。[※17]山口(恭平)監督でした。広いところにフォーゼがいて、その周りをキャメラがグルグルと回りながらフォーゼを捉える映像があったんですけど、監督の注文が、キャメラが回しっぱなしで5~6周するので、その間はパンチとかキックとか、さまざまな動きを見せてほしいというものだったんです。それで適当にさまざまなアクションの手をやったんですけど、その5~6周が想像したよりもかなり長く、なかなか「カット!」の声がかからなくて、「もうないです」っていう意味で手を挙げたんですね。すると、ちょうどそこでキャメラが止まり、僕の中でしっくりとくるものがあったんです。

それで、坂本監督の演出の時「宇宙、キターッ!」をやることになったので、「もうないで

※15
『仮面ライダーフォーゼ』
2011年9月4日～2012年8月26日、テレビ朝日系で放送。天ノ川学園高校に転校してきた如月弦太朗が仮面ライダーフォーゼに変身し、仮面ライダー部の仲間とともにゾディアーツと戦う姿を描く。仮面ライダーシリーズ作品。

※16
福士蒼汰
俳優。1993年生まれ。ドラマ『美咲ナンバーワン!!』(2011年)でデビュー。代表作は映画『好きっていいなよ。』(2014年公開)、『ストロボ・エッジ』(2015年公開)、ドラマ『恋仲』(2015年)、『神様のカルテ』(2021年)など多数。

す」ポーズをやらせてもらったら、それがそのままＯＫになりました。たしか『オーズ』の夏の劇場版のフォーゼの先行登場の部分で、あそこだけが柴﨑監督の担当じゃないんです。ですから、「宇宙、キターッ！」のポーズは、偶然といえば偶然の産物なんです。ただその時のポーズは右腕を上げただけのもので、まだ若干迷走中でもあります。福士の髪形もテレビとはちょっと違っていて横分けけっぽいし、弦太朗の雰囲気もまだ未完成なんです。最初はオーズの前に空から何かが落ちてきて、白煙の中からフォーゼが現れるというカッコいい段取りになっていました。その時、思うところがあって、坂本監督に「着地に失敗していていいですか？」ってうかがいました。「煙がはけたら、犬神家の佐清（すけきよ）[※18]になっていてもいいですか？」って。フォーゼがしょっぱなから地面に頭をめり込ませているわけですけど、坂本監督は「いいです、どんどんやってください」ということだったんです。それで完成作品のようなコミカルな味付けがなされたんですが、思えば実際の弦太朗のキャラづけに影響を与えてしまったんでしょうかね。フォーゼはその後、はっちゃけてやんちゃで、ちょっとドジという属性が固まり、最終的にテレビがクランクインした時に「宇宙、キターッ！」が元気がいい感じで両腕を振り上げての大の字になるんです。映画の先行登場の撮影から、１ヵ月くらい経っていましたね。

福士自身はけっこう人見知りをするタイプで、ぺらぺらと軽口を叩くタイプでもありません。ですから、フォーゼの役作りで話し合ったとか、そういうやり取りはほぼないんです。フォーゼはアクションが絡まないシーンでの登場も多く、芝居が多い仮面ライダーでしたので、福士はアクションも芝居も、僕の動きを始終見ていましたね。ですから、そのあたりが自

※17
山口恭平
監督。1981年生まれ。ドラマ『仮面ライダーフォーゼ』で監督デビュー。映画『仮面ライダー 平成ジェネレーションズFOREVER』で映画監督デビュー、『魔進戦隊キラメイジャー』でメイン監督を務める。

※18
犬神家の佐清
映画『犬神家の一族』（原作・横溝正史。監督・市川崑。主演・石坂浩二。1976年・2006年公開）の被害者・犬神佐清のこと。殺害された遺体が逆立ちで、湖面から下半身だけを出した姿で発見された。

然とすり合わせになっていたんですかね。

新たな監督とメインキャメラマン

テレビシリーズの真ん中あたりで、山口監督がデビューします。当然彼が撮りたい画というものがあり、そのための演出はされるんですが、最初なのですごく遠慮しちゃっていました。気を遣ってこちらの意向を気にしてくれることは嬉しいんですが、「監督もオーダーしてください」ということは申し上げています。この時期の山口組のスクリプターさんは、「記録の母」の異名をとるベテランの佐々木禮子（ささきれいこ）さんでした。おそらく山口監督の勉強の意味合いもあって佐々木さんがつけられていた面があると思うんですが、その佐々木さんが「遠慮しすぎ、もっと好きにやれば」ということをよくおっしゃっていました。この時期は、撮影も倉田（くらた）(幸治（こうじ）)さんがいのくまさんに代わってメインを回すようになりました。彼はずっといのくまさんの助手をやっていて、石田監督からよく「脚を使え」と言われていました。たぶん育てようとされていたと思うんですが、わりと細かな部分も意見を言われていたことが印象に残っています。倉田さんの特徴は、キャメラの脚を使わないことなんです。手持ちで撮影していたり、サンドバッグの上に置いたりして、細かいアングルを常に探っているんですね。三脚で固定してしまうと画の振り幅が小さくなり、フレキシブルさに欠けがちになるから。でも、今では三脚を使うべきはちゃんと使うようになって、メリハリが利いてきたというか、倉田さん的な味

※19
ゾディアーツ
人間がゾディアーツスイッチで変身した怪人。特に進化した者はホロスコープスと呼ばれる。

※20
ヤミー
グリードによって人間の欲望とセルメダルが怪人と化したもの。

※21
グリード
コアメダルを核とした生命体。800年前、オーズに負けて封印されていたが、現代に甦った。

※22
レオ・ゾディアーツ
立神吼が変身する、ホロスコープスの1人。別のホロスコープスに変身できる。

が明確になってきている気がします。いのくまさんも倉田さんも、プレーヤーの動きに対する注文がいっさいないんですよ。フレームから外れてしまうから、こうしてくれみたいなことがまったくない。「こう動いても、大丈夫ですかね?」なんて聞いても、「自由にやってくださ い」としか言わない。こちらがどのような動きをしても、ちゃんとキャメラに収めているんですね。お2人ともプレーヤーを自由に動かしてくれるキャメラマンで、むしろこっちが恐縮してしまうくらいですよ。

怪人の演技とアクション

『フォーゼ』のゾディアーツ[※19]は、みんな先生だったり生徒だったりしますから、そのあたりは『オーズ』のヤミー[※20]とかとは違いました。グリード[※21]は人格がありましたけど、ヤミーは人間の欲望を反映はしても、ただの化け物ですからね。フォーゼは全員がきちんと人格のある怪人、ゾディアーツと戦うわけですから、オーズの時以上にしっかり芝居をしている感がありました。主人公のきわめて近くにいる人間であって、その分、より関係が濃厚な相手なんですよね。だから、内容的には面白くできたと思います。

あと、ゾディアーツに関しては久しぶりに横山とやれたことが印象深いです。最初はレオ・ゾディアーツ[※22]に変身した後も横山が担当していて、がっちり組んだのは本当に『メガレンジャー』以来だったと思います。横山との最初は学園の修学旅行という設定の京都ロケで、一

※23
ロケット モジュール

基本形態のベースステイツでの必殺技の際に右腕に着けられたロケット状の装備。

※24
コズミック ステイツ

全スイッチの力を使うことができる究極の形態。

緒に京都へ行きました。やっぱり、嬉しかったですね。僕はなぜか同期が現場にいることが少ないので、横山が登場する回は嬉しかった。横山の身体能力はきわめて高いですから、ガチで対決したかったんです。でも、横山はわりとすぐスイッチを入れることが多くて……。メイクとかの都合もあって、レオ・ゾディアーツのほうはすぐにウチの若手がやるようになっていたんです。でも逆に、顔出しでドラマの演技をしている横山を見たのはほぼ初めてで、「貫禄あるなぁ」って感心しきりでした。「俺も、あっちへ行きたかったはずなんだけどな」なんて思ったりもしたし。横山は同期のなかでリーダーみたいな存在でもあるので、安心してその演技を見ていられるし、安心してついていけるなという気持ちにもさせるんですよね。

　メイン監督が坂本さんですから、フォーゼのアクションはワイヤーが多かったです。[※23]ロケットモジュールや[※24]コズミックステイツで吊られ、ジャンプの描写で吊られ。あと、[※25]マグネットステイツ。あのスーツは本当に動けない造形だったので、ワイヤーに吊られてアクションをしていますね。オープニングの時のアクションは全スイッチを駆使して戦うので、それだけで難しいんですが、そこにワイヤーアクションが加わって本当にしんどかった。手元のスイッチ作業もありますけど、わりとごっつい造りの手袋でやっているので、より大変だったんです。そのくせ、[※26]アストロスイッチは小ぶりでした。うまくもてなかったり、手が滑ったり。ちょっと「イラッ」とはしました。フォーゼの全貌がわかる以前、Wのガイアメモリが2個で、オーズのオーメダルが3枚だったので、「もしや」とは思っていたんです。そうしたら、フォーゼは予感どおりアストロスイッチが4個だった(笑)。

※25
マグネットステイツ
磁力を操れる形態。両肩にNSマグネットキャノンを装着している。

※26
アストロスイッチ
コズミックエナジーを引き出して、物質化することができるスイッチ状のアイテム。フォーゼが変身やステイツの変更に使用する。

第九章 魔法に武者に刑事

XMAと中国武術

『仮面ライダーウィザード』[※1]の時は、なによりも、ベルトの操作がフォーゼと較べて、さほど難しくなかったことが嬉しかったですね(笑)。指輪の魔法使いなので、指輪をベルトにかざすアクションが中心ですからね。それで、アクション監督は、『マジレンジャー』から久々にご一緒した石垣さんでした。石垣さんとは、また魔法使いですね。テレビシリーズがクランクインする前に、その石垣さんから言われたんです。今度のライダーはXMA[※2](エクストリームマーシャルアーツ)というトリッキーでクルクル回転する格闘スポーツの動きを取り入れたいので、「できるようにしといて」って。石垣さんもまた簡単なことのようにおっしゃるんですけど、こちらとしては「いや、ちょっ……チョイ、ちょっと待って……」、はい、努力はしますという感じでした(笑)。それで、努力はしたんですよ。でも、短期間での習得は当然無理でして、吹き替えとしてXMAの専門家を立てていただくことになりました。それで僕はカットとカットのつながりがスムーズになるようにと、アクションがつながる部分を意識し

※1
『仮面ライダーウィザード』

2012年９月２日～2013年９月29日、テレビ朝日系で放送。魔法使いの操真晴人が仮面ライダーウィザードに変身し、ファントムと戦う姿を描く。仮面ライダーシリーズ作品。

※2
XMA
武道にダンスやアクロバットなどの動きを取り入れた競技のこと。

てXMAの練習をすることになります。そのXMAのアクションを担当してくれた杉口※3(秀樹)君は、すばらしい動きをやってくれる分、小柄ですごく細身だったんです。そこで、体のラインを杉口君に近づけないとダメだなって思い、『フォーゼ』の終盤からダイエットを始めて、2～3ヵ月で体重を7～8kg落としています。それと並行してXMAの技を一定のレベルまでは練習しつつ、仮面ライダーウィザードのアクションスタイルについて考えていました。

ちょうど折よく、僕の息子が中国武術を学ぶようになっていて、教室がご近所だったので僕も付き添いでその様子を見たりしていたんです。そのおかげで、ウィザードの基本設定にある4つの属性、火、水、風、土のイメージが武術の動きにつながるなと思いあたりまして、アクションスタイルは中国武術でまとめてみようと考えたんです。あと、プロデューサーの宇都宮※4(孝明)さんからは事前に、アクションにおいて「殴りはなしにしてください」という指示を受けていました。その時、一応ゴネはしていて、立ち回りの手についてはいろいろと相談をしています。「甲は?」「いやぁ」、「掌底は?」「それも、ちょっと……」、「じゃあ、肘は?」「ギリOKですね」みたいなやり取りでした。要は手首より先は使わないのがベストで、もっぱら足技で対応してくれということですね。中国武術の様が、そんなイメージにぴったりハマりました。そこで、ウィザードの動きは中国武術をメインに据えて組み立てようとなったんです。

主人公の操真晴人は物静かで落ちついた人物という設定で、演じた白石隼也※5は少し大人の風情がある俳優でした。いうならば、晴人は久々のクール系のキャラクターなんです。そのクールなムードは、宝石とコートをイメージしたウィザードのフォルムやダイエットした僕の

※3
杉口秀樹
スタントマン。1979年生まれ。JAEで活動後、2007年、アルファスタントに移籍し、アメリカでドラマ『KAMEN RIDER DRAGON KNIGHT』に出演。2010年に帰国し、XMAの普及活動を開始する。現・EnbuDo代表。

※4
宇都宮孝明
プロデューサー。1970年生まれ。ドラマ『仮面ライダー555』で初プロデュース、『侍戦隊シンケンジャー』でチーフプロデューサーに。チーフプロデュース作品に『快盗戦隊ルパンレンジャーVS警察戦隊パトレンジャー』(2018年～2019年)、『仮面ライダーウィザード』など。

体形、そして今回考えたアクションスタイルなどといい感じでマッチしていたと思います。中国武術にはガッツンガッツンしたハードなアクションというイメージはなく、しなやかで柔らかいイメージをまとっていて、踊るように動きますからね。主人公が放つ個性にも沿うかたちで、ウィザードのキャラクターは程よく成立しています。

アクションと魔法要素

実際に撮影が始まってみると、いい感じで中国武術が活きてきまして、XMAとも親和性が高くて面白いアクションシーンが出来上がったと思います。『マジレンジャー』の時もじつはそうだったんですが、アクションを組み立てる際に魔法使いという要素には、それほどこだわってはいないんです。それでも敵怪人のファントムの設定は多様で、バインド(能力の無効化)の使い手とか、魔法要素の強い敵がいろいろと出てきましたので、『マジレンジャー』よりは魔法方面に振れていたとは思います。とはいえ、全体を見直してみるとアクションの比重のほうが断然多い感じで、客観的には「魔法使えよ」とは確かに思いますね(笑)。

久しぶりに中澤監督とご一緒しました。中澤監督は「仮面ライダー」は初めてでしたけど、現場での様子は「スーパー戦隊」でのものと同じでした。思えば、「仮面ライダー」は中澤さんにとってアウェーなんですよね。ですから最初は緊張もあったようで、いろいろなことを探り探り進めている感じはありました。でも、スタッフと早くなじむことができたみたいで、い

※5
白石隼也
俳優。1990年生まれ。2008年、映画『制服サバイバルガールⅡ』でデビュー。代表作は映画『東京喰種トーキョーグール』シリーズ(2017年・2019年公開)、ドラマ『彼岸島』シリーズ(2013年・2016年)、『グッドモーニング・コール』シリーズ(2016年～2017年)など。

い感じで各部署とコミュニケーションを取り始めるのはすぐでした。相変わらず、その撮りたいものは常にはっきりしている中澤スタイルで、淡々と撮りたいものを狙っていらっしゃいました。『ウィザード』での演出が評価されたのか、この後の中澤さんは「仮面ライダー」と「スーパー戦隊」を行ったり来たりされるようになりますね。その中澤監督が担当している第1話は、珍しく第2話になにも持ち越さない、基本設定のすべてがまるまる消化される展開で、完全な1話完結と言っていい構成でした。撮影する分量はとても多く、ドラマだけじゃなく、アクションパートも編集で相当な量がカットされています(笑)。オープニングもアクションシーンとして処理されていて、あそこのために撮影したアクションも半分はカットされていますね。石垣さんも初「仮面ライダー」でしたから、やはりその熱量は高く、おやりになりたいことをガッと入れてきたなっていう感じでした。ですから、第1話はドラマもアクションもその密度がきわめて高いので、切られてしまった映像をぜひ見たいんです(笑)。

ファントムという敵は、普段は人間の姿で人間社会に潜んでいることが多く、知恵のある者が多い感じでした。ですから、ウィザードも変身後の芝居は多いほうです。前半は、大門(だいもん)凛(りん)子(こ)[※6]さんとの絡みも多かった。凛子さんやコヨミ[※7]は晴人がウィザードであることを知っているので、一緒に現場にいたことが多い印象があります。そして宇都宮さんには、ドラマをしっかりと組みたいけれどアクションもきちんとやりたいという思いがあったようです。そのため、ウィザードはアクションをしながらの芝居が増えたのかもしれませんね。ですからアクションパートの分量もおのずから多いということで、杉口君とはずっと一緒にいた印象があります。

※6
大門凛子
警視庁鳥井坂署の刑事。自分をファントムから助けてくれた晴人とともに、ファントム関連の事件を捜査する。

※7
コヨミ
晴人が白い魔法使いから託された少女。晴人から魔力を与えられて生きている。

※8
『仮面ライダー鎧武』
2013年10月6日～2014年9月28日、テレビ朝日系で放送。葛葉紘汰はアーマードライダー鎧武に変身、インベスを倒す。さらにビートライダーズの仲間とともにユグドラシル・コーポレーションの陰謀、ヘルヘイムの森の侵攻と戦う。仮面ライダーシリーズ作品。

『仮面ライダー鎧武』[※8]では、和のテイスト

ウィザードはかなり動きやすいスーツでしたけど、鎧武は戦国時代の鎧ですから、なにかと動きの枷が多かった印象はあります。和のテイストの入ったキャラクターでしたから、アクションの際に重視されていたのは剣戟でしたね。刀さばきは比較的得意分野なので、日本のチャンバラを意識して和風の立ち回りに挑戦したという感じでしょうか。その時に重視したのは太刀筋で、一刀両断で極力、無駄のない刀の動きをしっかり見せるようにしています。中国武術を取り入れ、そこに回転を加えて派手な動きを提示したウィザードとは、ある意味、真逆といえますね。それと、太刀筋と並んで意識したことは、見得の切り方です。ウィザードまでのライダーでも、それぞれのイメージに合う見得を自分なりにやっていました。そのうえで、鎧武においては、その見得という要素をもう少し押し出してみようと思ったんです。見得はそもそも、歌舞伎などで発達したかたちですからね。歌舞伎を意識しつつも伝統芸能になりきらないようにして、和のテイストでヒーローの見得を探っていく。そんなイメージでした。

アーマードライダー鎧武は、葛葉紘汰（かずらばこうた）が行きがかり上変身することになった仮面ライダーなんで、その流れは、ちゃんと踏もうと考えました。いわゆる、ど素人ライダーですからね。最初はいろいろとおぼつかなくて、戦う覚悟もない。それで、戦い慣れていない感じはしっかりと出し、初期の勝利はたまたまロックシードがうまく使えたからであるという構成を視聴者

※9
仮面ライダーバロン
アーマードライダーバロン。駆紋戒斗がバナナロックシードで変身する。

※10
龍玄
アーマードライダー龍玄。呉島光実がブドウロックシードで変身する。

※11
斬月
アーマードライダー斬月。呉島貴虎がメローロックシードで変身する。

※12
グリドン
アーマードライダーグリドン。城之内秀保がドングリロックシードで変身する。

が理解できるようにする。そこから、だんだん戦いというものには熟練していくけど、やはり精神は戦士ではなく素人なんです。かなり丁寧に、段階を経ていくキャラクターだということは、おそらく意識していたんでしょうね。クランクイン直後の鎧武の描写は、意図的にとっちらかった演出にされていて、家に帰ってきた紘汰にお姉ちゃんが「うるさい」と言って扉を開けると、部屋で鎧武に変身していたりします(笑)。鎧武の姿でバイトをしようとしたり、部屋でくつろいでみたり。紘汰という人物は、本来は能天気なんです。ですから、ちょっとほかにはない演出になっていて、楽しかったですね。

いろいろな意味で、鎧武には異質感もありました。フルーツの仮面ライダーという属性は、なかでもかなり異質でしたね。最初、変身のシステムをうかがいました。「空からミカンが落ちてくる。そして、それが頭に刺さる」って聞いて(笑)。「マジか?」と。ドラマを組み上げる際の世界観も、あの当時の「仮面ライダー」としては異質だったと言ってもいいんじゃないでしょうか。ちょくちょく主人公たちが行く異次元の森、ヘルヘイムの森。そこには人を惹きつける木の実がたくさんなっていて、それを魅入られたように食べてしまい、命を落とすことになる男が1人いましたよね。その時、『仮面ライダー』という物語のなかで、じつに久しぶりに人が亡くなるという描写が真正面から描かれたことに衝撃を受けたんです。「『鎧武』って、こういうことをしっかりと見せる世界観なんだ」と、自分のなかで襟を正した感はありましたね。

武者ですから、馬のイメージは避けては通れないということか、最初に、乗馬の撮影があり

※13
ブラーボ
アーマードライダーブラーボ。凰蓮・ピエール・アルフォンゾがドリアンロックシードで変身する。

※14
仮面ライダーデューク
戦極凌馬がレモンエナジーロックシードで変身する次世代アーマードライダー。

※15
波岡一喜
俳優。1978年生まれ。ドラマ『仮面ライダー鎧武』でシド(=仮面ライダーシグルド)を演じた。『フイオン丸G』(2006年)でテレビ初主演、映画『ベイブルース～25歳と364日～』(2014年公開)で映画初主演。代表作は映画『図書館戦争』シリーズ(2013年・2015年公開)、ドラマ『幻星神ジャスティライザー』(2004年～2005年)など。

ました。オープニングの鎧武の馬のシーンの撮影は、だいたい竹内が担当してくれて、僕はキャメラの上を飛び越えるあたりくらいですね。で、現場のスケジュール的には、そのまま第1話の本編冒頭の三つ巴の撮影になります。それで、「かかれ！」といった号令で、馬に乗った鎧武とオートバイに乗ったバロンのガチンコ対決になりました。あの時の馬は、なかなかいうことを聞いてくれない馬でした。かなりやんちゃで、ジャンプもなかなかしてくれなくて。

新鮮だったメンバーたちと鎧武のスーツの進化

最初の紘汰たちには、人間を傷つけるなんていう気持ちは毛頭なく、ダンスチームの対抗戦の延長みたいな、ゲームとしての戦いが展開されます。ダンスバトルが、どうやってリアルな戦いに結びついていくんだろうと思っていたので、『鎧武』は疑問いっぱいで始まったシリーズでもありました。で、ふと気がついてみると、ダンスバトルはどっかに行ってしまって、いろいろな仮面ライダーが登場し始める。仮面ライダーバロン[※9]とか龍玄[※10りゅうげん]とか、斬月[※11ざんげつ]にグリドン[※12]、ブラーボ[※13]。背景やそのキャラクターの設定がきちんとしていて、みんな個性的でしたね。

『鎧武』においては、登場する仮面ライダーたちが変身前とシンクロしている雰囲気が特に強く、アクションのメンバーもよくやっていたと思います。ブラーボは今井が担当していて、今井と一緒にアクションをしたことは多いんですけど、新世代ライダーは自分としては新鮮なメンバーでした。クウガを演じた富永が久々に帰ってきて仮面ライダーデューク[※14]をやっていて、

※16
シグルド
シドがチェリーエナジーロックシードで変身する次世代アーマードライダー。

※17
金子起也
スーツアクター。1986年生まれ。仮面ライダーシグルドのスーツアクターを務めた。スーパー戦隊シリーズ、仮面ライダーシリーズに多く出演。

※18
佃井皆美
俳優。1987年生まれ。ドラマ『仮面ライダー鎧武』で湊耀子を演じ、変身後の仮面ライダーマリカのスーツアクターを務めた。ほかに『ウルトラマンX』(2015年)のギナ・スペクター役など。

※19
夏の劇場版
映画『劇場版 仮面ライダー鎧武 サッカー大決戦！黄金の果実争奪杯！』(2014年7月19日公開)。監督・金田治。「オールライダーカップ」に陰謀が！

[※15]波岡(一喜)さんが変身するシグルド[※16]は新堀さんのところの若手の金子[※17](起也)君で、マリカはウチの佃井[※18]皆美でした。意外にも富永と一対一で対決するのはおそらくここが初めてで、金子君と佃井とは新鮮な気持ちで楽しくやれていますね。後は、夏の劇場版[※19]に出てくださった片岡愛之助さん。一緒にやらせていただいて、いろいろと勉強になりました。立ち居振る舞いがまさに「歌舞伎の人」で、姿勢が本当によくて、声もいい。発声がしっかりとしているんですね。お話しさせていただきましたけど、現場ではいつもにこやかで、気さくな方でした。

鎧武は最初から大きめの衣装でしたけど、途中の強化、カチドキアームズ[※20]がいちばん大変でした。見た目は、カッコいいんですよ。本物の戦国武将の鎧姿に最も近いイメージですからね。でも、背中に大きな旗を2本立ててるじゃないですか。あれを着て、戦うもんじゃないですね(笑)。あの旗は、大きいだけじゃなくて重い。それだけならまだいいんですが、ちょっとでも風があるとそれを受けてもっていかれてしまう(笑)。それがあるので、現場なりに対処を考えました。それは、「早々に抜いちゃおう」ということで(笑)、カチドキアームズは変身するやいなや旗を手に持ち、カッコよく振り回してすぐポイッてするようになりました。そうしないと、正直無理でしたね。終盤のメインになる極[※21]アームズは、そんなカチドキアームズがあったためか、とても楽に感じられました。見栄えがする立派なマントを羽織っていて、それなりに重くて大きいためまとわりつくし、動きのじゃまにはなるんですが、あの旗に比べれば全然大丈夫だったんです。ですから、動きやすいという印象はありますよ。

※20
カチドキアームズ
仮面ライダー鎧武がカチドキロックシードで変身する強化形態。火縄大橙DJ銃が武器。

※21
極アームズ
仮面ライダー鎧武が極ロックシードで変身する究極戦士形態。あらゆるロックシードの力を使うことができる。

高岩成二とモモタロス 大百科

2007年の大革命は、『仮面ライダー電王』！
そこで出会ってしまった役が、モモタロス。
１年間、仮面ライダー以外で大部分を演じたキャラクターは、ほかにはあるまい。

モモタロス

嵐は呼ばないけどもめごとを呼び、めんどくさい対立も呼んでしまう。強情だが単純で人がよく、なによりも情に厚い。ある意味で、男の中の男……、なのか？

デンライナーが襲われて車内がグチャグチャになったシーンですね 皆で後片付けしてる……懐かしい

味覚に難があるのは、イマジン共通。コーヒー好きで、いつの間にかプリン好きにもなった。

キャラが決定!

意外に素直なところがあるのが、キュートなのです。カメレオンイマジンと戦いたい一心で、良太郎に「ごめんなさい」してしまう。

カナヅチ

ドラマ展開の都合で(?)、設定が増えていく。なんと、カナヅチで泳げないのである。

犬がコワイ!

高岩の積極的なキャラ作りの結果、犬嫌いが定着した。夏の肝試しエピソードにも活かされる設定。

今頃思ったのだが、デンライナーってお風呂があったんだ。お風呂好きで、タオルは赤をチョイス。

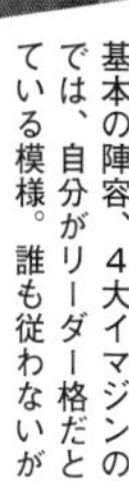

基本の陣容、4大イマジンのなかでは、自分がリーダー格だと思っている模様。誰も従わないが。

守りたいのは〝今〟ってやつ 友情

通すべき時は、自分を通す！　良太郎を相手に、ガチの勝負！

ここ一番には、ちゃんとキメます。「今」、つまり友のためには消滅など些細なこと。真に大切なことは、ちゃんと見えている模様である。

本気の時は、その優しさを隠さないし、テレもしない。この瞬間、本当の友情が成立したのかも。

さいたまスーパーアリーナでの一コマ。良太郎に話しかけてるシーンです。ここは重要なカットなので自分でも強く印象に残っています

もう満足だ！ケンカ

内輪揉めも基本スタイル。初期はマジだったが、やがて娯楽に近い認識になるようである。

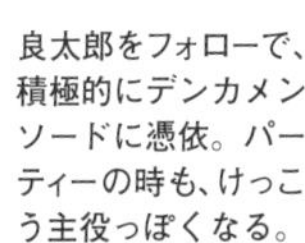

モモタロスは強いはずなのだが、なぜだかハナにはまったくかなわない。手加減ではなく。

良太郎をフォローで、積極的にデンカメンソードに憑依。パーティーの時も、けっこう主役っぽくなる。

決戦で、最期を迎える！どんな時でもボケを仕込んでおくようになってしまったのは、成長なのか？

超戦力

モモタロスウォード

モモタロスの最大の戦力は、その心意気！ そして漢気！ あとは、虐げられてもまったくメゲることのない無敵のメンタルであろう。

ノリで自慢の剣を振るうさまは、まさに無手勝流。ケンカ殺法とでもいえる立ち回りで、雑魚を砕く。

いい方が勝つんだよ！

行くぜ! 行くぜ! 行くぜ! モモタロスの

超スタミナ!

ドサクサな感じで、人力車を引っ張って走り続ける。そのスタミナは、常人の及ぶところではない。

不敵

ガオウに捕まった際も、極めて余裕の様子。強がって舌を出す感じは、けっこう憎たらしい。

超身軽!

夏の劇場版の戦国時代では、砂状にならないで活躍ができた。忍者相手に、高レベルの戦闘を展開。

ノリの

「良太郎を介して」仲間イマジン そのカンケー

イマジンは個性が立ちすぎるためか、モモタロスも素直に仲良くできない様子。ちょっとクセモノばかりだが、それなりに頼れる5人を、ここで紹介しよう。

リュウタロス
子供なので、多分に感情的で行動も支離滅裂。ダンス好きで、音感と運動神経は名人級。

キンタロス
怪力の人情家。ものごとに筋を通すタイプで、肝は据わっているが鈍感。寝たら絶対起きない。

ウラタロス
「僕に釣られてみる?」が信条のプレイボーイで、口先三寸の頭脳派。水にも強いようだ。

ジーク
本質的には優しいが、なぜか自分を高貴な存在だと思っており、周囲をぞんざいに扱う。

デネブ
思いやりがあるお人好しで、疑うことを知らない。常に桜井侑斗のことを心配している。

最初から最後までクライマックスだぜ！

活躍!?続くモモタロス

デンライナー署
刑事モモタロス

『仮面ライダー電王』のテレビシリーズが終了しても、稀代の人気者、モモタロスの活躍は終わることはない。さまざまな場で、姿を見るのだ。

Vシネから劇場版に変わった作品ですね。おふざけが多かったのを覚えてます。瀬戸康史君と佐藤健君が共演しているので、今思えばすごいなと。

デンライナー署の刑事で、石原プロ的なティアドロップ型のサングラスがトレードマーク。似てる？

今度は刑事(デカ)で俺、参上！

刑事の立場になっても、ケンカに近い悪乗り捜査を敢行。容疑者にも、まったく容赦はないのだ。

砂になるため動物の着ぐるみを着ていたはずなのだが、いつの間にかいろいろファジーになった。

これは体力的に辛かった撮影ですね。梅雨時の炎天下の長回しで倒れてしまった時です……ハードでしたねえ

俺達最後のクライマックス!

劇場映画が第3弾という快挙は、モモタロスの人気ゆえか? 幽汽のスカルフォームとの戦いでは、友情に殉じてしまう風情……。

行くぜ、鬼退治!!

モモタロスが鬼由来の姿をしていることを久々に思いだした劇場版は、敵に鬼が設定されていた。モモタロスは、災難に遭う流れだ。

鬼と間違われたモモが、ひどい目に遭ってしまう。お尻に矢が刺さるっていうのは、かなりキツイ。

逆にこちらは真冬で、極寒の中、確か伊豆の海岸線での撮影でした……ハードでしたねえ（笑）……ん? 辛いのばかり?

オニ一族に立ち向かう、電王の一行。モモタロスは、ここ一番の時にはメインのイメージになる。

ファイナル フォームライド デンオウモモタロス

ディケイドのフォームライドは、電王をモモタロスに変えての攻撃。考えてみると、なにが変わったのかな、ということだが……。

超・電王ビギニング！

相変わらずのケンカ殺法で、アリゲーターイマジンに勝負を挑む！かなり上級のファイナルフォームライドだ。

この時は電王が優先されていたので、僕はモモタロスなんですよ（ディケイドは渡辺淳さん）。久しぶりのモモなので演技のスイッチが入るのにちょっと時間がかかりましたね

ディエンドのカメンライド

「響鬼の世界」にて、ディエンドが使う。このモモは人格があり、ほかのカメンライドとは一線を画す。

3つの超・エピソード!!

作品の面白さを背負っているモモは、今回はとある時間に置いてけぼりにされてしまう。

RED

犬嫌いの設定はここでも活かされる。自転車に乗ってのピギーズイマジンとの対決は、コミカルだ。

『超・電王』な中編エピソードを2〜3週間ごとに連続公開するというユニークな試み。人気が高値安定のモモタロス、縦横の活躍だ。

こんどは、時間警察に捕まってしまう。このメンバーだと、この流れによりストーリーが回る。

YELLOW

BLUE

幸太郎とテディの絆が試される状況でも、モモたちは笑いをとる。古典的なケーキとかのアレである。

もはやヒーロー!? モモタロス

『仮面ライダーオーズ』の劇場版では、ついにヒーロー扱いに昇格する!?　モモタロスが、デンオウベルトをつけて「変身!」。

例のごとく、キレのいい立ち回りを展開する。だが、仮面ライダー１号と２号に助けられる一幕もある。

劇場版「大戦シリーズ」の最終作では、チームエグゼイドのメンバーとして電王に変身する展開。

レッツゴー仮面ライダーは長男も出演させてもらったので思い出があります

ジオウの時は僕は本役だったので、ゲイツに憑依したモモを押田君が演技しています。いろいろアドバイスさせてもらいました

グランド・クライマックス！

アナザー電王に立ち向かうため、イマジンが久々に集合。ウォズとゲイツがモモに憑依されるという展開で、ジオウトリニティへの変身時にはモモがその意識にも侵入。

「東映まんがまつり」の一本として、モモタロスがまたまた復活。10歳の女の子、アンナと友情を結び、なんともキュートなプリティ電王に変身する!

モモタロス2020

この時は「死」を感じました(笑)……公園の砂場で逆さに埋められて、何もできない……次第に呼吸が苦しくなって足でバッテン(×)を何度も出し、現場スタッフに緊急事態を伝えました。すぐ掘り出してもらいましたが、自分自身はプチパニックに陥り、本気で怖かった思い出があります。作品のシーンとしては笑える部分なのですが、埋められるってこんな感じなんだと……今考えると恐ろしかったなあ……

デンライナーがショッカーにジャックされ、モモはほぼ縄でくくられた状態で活躍することになる。

第十章 モチーフが思いっきり変化球

ボディのタイヤが大変でした

仮面ライダードライブ[※1]には、すっきりしたフォルムというイメージがありますよね。そのため、みなさん動きやすいんじゃないかと思われるんです。でも、なかなか難しいスーツでした。その原因は、ボディの中央でたすき掛けになっているタイヤでした。タイヤは存在感があって出っ張っているし、体に圧もかかるんですけど、斜めについているため不安定さばかりが感じられてきて。なんか、タイヤが体の周りでスパイラルにクルクル回転しているみたいな、気持ちの悪い感覚があったんです。どうせなら、タイヤがもう1本、逆のたすき掛けになっていれば安定したのにって思いました。あの感覚には、しばらく慣れることができませんでした。

そのタイヤを取り換える作業、タイヤコウカン[※2]は、また大変でした。アクションをして止まり、そのポーズを保ったままタイヤを外して違うタイヤにして、再び動く。現場的に言うところのストップチェンジという段取りなんですが、あのタイヤは脱着にけっこう時間がかかって本当に辛かった。後輩たちは、一生懸命やってくれているんですけど。つい「まだかな〜」っ

※1
仮面ライダードライブ
2014年10月５日〜2015年９月27日、テレビ朝日系で放送された、同名番組の主人公。警視庁特状課の刑事、泊進ノ介が仮面ライダードライブに変身して、人工生命体ロイミュードと戦う。仮面ライダーシリーズ作品。

※2
タイヤコウカン
仮面ライダードライブがシフトブレスのシフトカーを装填して、タイプを変えること。

て言ってしまう。後、トライドロン※3のコクピット、あれが狭くて大変でした。ドライブのスーツを着て乗るとギチギチですからね。実際の運転はレーシングチームの方でしたけど、コクピットシーンでのドライブの演技は僕ですから、その撮影もキツかったです。これはレーシングチームの方にやっていただいていたんですけど、一度トライドロンのシートを取り外して、いろいろ調整してシートを再び低い位置にセットしていたんです。空間を広げるために。ドライブは、何気に撮影の段取りに手間のかかるヒーローでした。

竹涼の熱心さと演技陣

泊進ノ介を演じた竹涼※4（竹内涼真）に初めて会ったのは、毎年クランクイン前に行われているアクションの練習でですね。竹涼本人は仮面ライダーが大好きで、マネージャーさんも輪をかけて好きでした（笑）。石垣さんが考えたドライブの変身ポーズは僕が受け取っていて、そこで竹涼にレクチャーしています。そして、携帯で撮影していた変身ポーズの動画も渡しています。マネージャーさんから、部屋に帰ったら、しっかり練習するようにと結構キツく言われていたことが印象的ですね。その後、第3～4話を撮影している時期ですね、竹涼が出番もないのに現場へ来たんですよ。「今日、現場あったんだっけ？」って聞くと、「いや、ないんですけど」っていうことで。彼は、わざわざ電車で秩父まで来たんです。それで、現場でスタッフとコミュニケーションを取りつつ、僕のドライブの芝居とアクションを1日中見ていました。後

※3
トライドロン
仮面ライダードライブが乗るスーパーマシン。

※4
竹内涼真
俳優。1993年生まれ。代表作は映画『青空エール』(2016年公開)、『センセイ君主』(2018年公開)、ドラマ『下町ロケット』シリーズ(2015年・2018年)、『陸王』(2017年)、『テセウスの船』(2020年)、『君と世界が終わる日に』(2021年)など。

日、自分がその場面にアフレコでセリフを入れはするんですけど、未だかつてないですね、休みなのにわざわざ現場に足を運んだ主役っていうのは。本当に、彼は熱心でしたよ。

　ドライブは変身すると、「ひとっ走り付き合えよ」って言って、横にポーズを取りますよね。最初、パイロットの時に竹涼から「どういうポーズにするんですか?」って。「まだ考えてない」って答えても(笑)。ほかのことに対しても「どうやるのか?」とか「どういうことをやるのか?」ということを逐一聞いてくるんですが、実際に「俺、行き当たりばったりだから」としか応じられない(笑)。それもあって、竹涼は秩父まで来たのかもしれませんね。仮面ライダー好きですからね、おそらく、最初は純粋な意味で「なにをするんだろう?」っていうことを思っていて、単純に興味のほうが強かったんじゃないでしょうか。でも、第2クールの後半の時期には、積極的に僕と演技をすり合わせるようになりました。彼もほぼお芝居が初めての新人でしたけど、その頃になると現場の雰囲気にも慣れてきて、進ノ介が自分のものになり始めていたんじゃないでしょうか。それで、しっかりと変身の前と後を統一しようと考える余裕も出てきたし、演じること自体へのモチベーションも高くなってきたんだと思います。その結果として、竹涼の演技が地につき始めたなと思った瞬間があったことは確かです。いきなり、グンと伸びた瞬間が。

　特状課のレギュラーセットでのアクションも、ちょくちょくあったので、レギュラーの俳優さんとはけっこう交流させていただきました。皆さん陽気な方ばかりで、楽しかったですね。※5(片岡)鶴太郎さんは本当によくしゃべる方で、とにかくお元気なんですよ。なんにでも興味を

※5
片岡鶴太郎
コメディアン・俳優。1954年生まれ。本願寺純を演じる。『オレたちひょうきん族』(1981年～1989年)などで人気となり、俳優としての代表作にドラマ『季節はずれの海岸物語』シリーズ(1988年～1994年)、『金田一耕介』シリーズ(1990年～1998年)など。

示されるタイプで、なんでも聞いてくるし、誰にでも分け隔てなく声をかけられてお話をされる。※6(吉井)怜さんもそういったタイプで、だーりお、※7内田理央も本当に陽気すぎて。だーりおは一応ヒロインなんですけど、普段はそのヒロイン感がみじんもなく、屈託なくて明るくて、よく笑うんですね。竹涼も、ちょいちょい弄っていましたよ。だーりおは年が離れた弟がいるので、「仮面ライダー」にはけっこう詳しかったんです。※8浜野(謙太)さんを含め皆さん、お芝居については全員が「なにかやろう」「なにができるかな?」っていうムードに満ち満ちていて、いい意味で「俺が俺が」でしたね。それで、鶴太郎さんもいろいろとアイディアを提示されていて、アドリブも多かったですね。でも、僕くらいの年代じゃないとわかりにくいギャグだったりもしたんですけど(笑)。

楽しい撮影の思い出

敵のロイミュードについても、けっこう個性が強調されていて、魅力的に描かれていました。中盤くらいからですね。素面のロイミュードのレギュラーと、現場が一緒になることが増えました。メディック役の※9馬場ふみかはまだお芝居に慣れていないかなとは思いましたが、ハートの※10蕨野(友也)君の演技がかなり出来上がっていて、進ノ介とのやり取りはかなりの見せ場になっていました。その頃になると竹涼もだいぶ安定していたので、僕も現場で安心して見ていられたんです。2人の掛け合いのテンポもいいし、なにより竹涼と蕨野君はどちらも

※6
吉井　怜
俳優。1982年生まれ。沢神りんなを演じる。代表作はドラマ『エゴイスト～egoist～』(2009年)など。写真集多数。

※7
内田理央
俳優。1991年生まれ。詩島霧子を演じる。代表作はドラマ『将棋めし』(2017年)など。DVD、写真集多数。

※8
浜野謙太
ミュージシャン・俳優。1981年生まれ。西城 究を演じる。俳優としての代表作はドラマ『ノーコン・キッド～ぼくらのゲーム史～』(2013年)など。バンド・在日ファンクのボーカルを務める。

タッパがありますからね、そのやり取りは絵になりましたよ。

身長がとても高い2人なので、変身の前後で身長が変わることについては少し気になりました。ハートのロイミュード状態を演じたのは、ウチの若手だったんですが、怪我で岡元さんに交代しました。岡元さんはタッパがありますし、ハートロイミュードはスーツの造形がかなり大振りなので、身長差はほとんど気になりませんでした。問題は、ドライブコンビです。僕と竹涼では10㎝くらい違っていましたからね、変身ポーズの時なども彼は気を遣って足を大きく引いたりして姿勢を低くするんですけど。第一、足の長さが全然違うし(笑)。

ロケによるアクションを撮影する時、レギュラー陣との掛け合いもあるという展開は、『ドライブ』の特徴でしたね。怜さんとボケのやり取りをしたことが、楽しかった。怜さんがドア銃を開発して「持ってきたよ」ということで、撃とうとするんだけど弾丸が出ない。すると、半ドアになっていて、「半ドアってなんだよ!」と文句を言うとかいう流れでした。あのセリフのやり取りは、確か僕が考えたんです。あの時、怜さんのセリフは同録でしたので、僕は声を出せませんでした。ですので、モモタロスの時の要領で、僕のなにかの振りをセリフの切れの合図にして怜さんにセリフのタイミングを合わせてもらったんです。面白おかしいシーンになって、自分でもうまくいったと思っています。

あと、クリス・ペプラー[※11]さんとのやり取りの撮影も面白かったですね。正確に言うと、ちょっと違うんですけど。完成映像だと、ドライブとベルトさんの掛け合いになっているということですね。現場では僕がセリフをしゃべり、クリスさんが声を当てる変身ベルト、「ベルトさん」

※9
馬場ふみか
ファッションモデル・俳優。1995年生まれ。メディックを演じる。2014年、映画『パズル』でデビュー。代表作はドラマ『深夜のダメ恋図鑑』(2018年)、『決してマネしないでください。』(2019年)など。

※10
蕨野友也
俳優。1987年生まれ。ハートを演じる。代表作は土曜ドラマ『限界集落株式会社』(2015年)、ドラマ『最高のオバハン　中島ハルコ』(2021年)など。

※11
クリス・ペプラー
タレント・ラジオパーソナリティ。1957年生まれ。ベルトさん=クリム・スタインベルトを演じる。J-WAVEほかのナビゲーター多数。

の受け答えのセリフは助監督さんが当てて、尺を合わせるんです。その時、助監督が必ずセリフ尻に「クリス・ペプラーです」って付け加えるんですよ。笑っちゃいましたね(笑)。

特殊な仮面ライダー

『仮面ライダーゴースト』[※12]は、初、高橋(一浩)[※13]プロデューサーのシリーズですね。命を落としてしまい、命を失ったままの特殊な状態で活躍する仮面ライダーという点が斬新でした。いわゆるヒュードロではないけれど、その面白さも活かしたいみたいなところで、難しい設定だったとは思います。ゴーストは『ドライブ』の夏の劇場版[※14]でのゲストが初お目見えで、続いてが『ドライブ』のテレビシリーズの最後、「特別編」[※15]での登場です。このあたりの時期、ゴーストというキャラクターの確立期に高橋プロデューサーは、ものすごく苦労をされているんです。

それで、テレビシリーズのメイン監督は諸田(敏)さんで、大ベテランの諸田さんにとってもこのシリーズは「仮面ライダー」の初メインだったんです。あの時ですね、諸田監督が頭を丸めてしまったのは。衣装合わせの時でした、みんなが集っているところに諸田監督が入ってくると、なんと丸坊主なんですよ。スタッフ一同がビックリしちゃって、みんなが一斉に「ハゲ!」って叫び(笑)。「ハゲじゃない? ねぇ、監督⁉」みたいな感じになって、そりゃあ騒然としていました。初のメイン監督でしたから、諸田監督のなかに覚悟みたいなものがあったとは思うんですが、あの時の丸坊主が願掛け的なものだったのか、お寺のイメージにちなんで

※12
『仮面ライダーゴースト』
2015年10月４日～2016年９月25日、テレビ朝日系で放送。ゴーストハンターの息子、天空寺タケルは死後の世界でもらったドライバーで仮面ライダーゴーストに変身、仲間とともに眼魔と戦う。仮面ライダーシリーズ作品。

※13
高橋一浩
プロデューサー。1973年生まれ。『仮面ライダーW』から『仮面ライダーフォーゼ』までのプロデューサーを務めたのち、『仮面ライダーゴースト』で初チーフプロデューサーに。チーフプロデューサー作品に『仮面ライダーセイバー』など。

のシャレも含んでいたのかは不明のままですね。

最初に天空寺タケル（てんくうじ）が眼魔（ガンマ）※16にやられ、使命を与えられてゴーストになるわけですけど、諸田監督もスタッフも、そこを押した演出にもなっていません。作風を暗くするつもりは、全然ありませんでしたから。あの時、ゴーストという役を演じてみて、まず鮮烈だったのは、久しぶりに全身に電飾のあるスーツで演技をしたことですね。マスクは目が光るんじゃなくて、全体が光るような造りになっていて、そこもユニークでした。夜の撮影で、光っているのがこちらですからね、おのずから視界はほぼゼロになってしまいます。スーツは、ボディを構成する衣裳の上にもう1枚アクリルが被せられているという二重構造でした。そして、ボディのスーツとアクリルの間にＬＥＤと配線が設定されていて、全身が光るという感じだったんです。わりと重いスーツでしたけど意外と光量はあって、けっこう周囲を煌々と照らしている感じでした。まるで歩くクリスマスツリーみたいで、撮影現場をハッピーなムードにはしていましたね（笑）。ただ、電飾を消すとスーツのアクリルにどうしてもスタッフが映り込んでしまう関係上、みんなが夏場なのに黒ずくめの格好をしていて、なおかつキャメラマン以外はなるべく遠く離れて撮影をしていました。

偉人の魂、アドリブの楽しさ

普段使用するアクションができるスーツも、面とボディに透明アクリルが被せられていまし

※14
夏の劇場版
映画『劇場版 仮面ライダードライブ サプライズ・フューチャー』（2015年8月8日公開）。監督・柴﨑貴行。進ノ介の息子を名乗る青年が出現し、未来で起こる悲劇の原因がスタインベルトだと告げる。さらに、仮面ライダーダークドライブが出現、２人に襲いかかる。

※15
特別編
『仮面ライダードライブ』最終回「ゴーストの事件」（2015年９月27日）のこと。

※16
眼魔
異世界である眼魔世界の人の魂が眼魔眼魂で怪人化したもの。

たので、やはり動きづらかったですね。ゴーストの特徴でもある、パーカーのような衣装もまた大変でした。ニュートン魂[※17]は登場が早いので夏場の撮影で、パーカーならまだしも、ニュートンってダウンジャケットを着ているんです。「この暑さなのに、なんでダウンなの⁉」と驚き(笑)。で、ダウン(羽毛)ならまだましなんですけど、ジャケットにはウレタンが目いっぱい詰め込んであり、本当に暑い。あと、最初に撮影した時、左手の能力が引力で右手が斥力って決めたんです。でも、ニュートンって出番が少なかったので、久しぶりに登場した時、どちらが引力でどちらが斥力だったのかをみんながうろ覚えになっていて、現場で初登場のビデオを見直したりしているんですよね。「右です、間違いありません」「本当？　違ったら撮り直しだよ」みたいなやり取りのすえ、結局、見直しています(笑)。ゴエモン魂は、「石川五右衛門が偉人⁉」っていう疑問がまずありました(笑)。その衣裳の雰囲気は、全身がリアル掛け布団ですからね。「ライダーなの？」っていう疑問もありました。とはいえ、登場は五右衛門らしく夜の屋根の上となり、歌舞伎の演技や見得はけっこう意識してやっています。毎回、モチーフになっている偉人の雰囲気は出すようにしていて、そういう観点も含めてやりやすかったのは、やはりムサシ魂です。時代劇ではポピュラーなキャラクターですし、二刀流とかは剣戟の1つの手ですからね。ビリー・ザ・キッド魂みたいなガンアクションは、タイミングとかが難しい面はあるんですが、ほかの魂に比べるとかなり楽なほうだったと思います。

　タケル役の西銘駿[※18]は、たぶんお芝居は初めてでした。新人に限らず、特撮ジャンルの経験がない俳優さんに多いことなんですが、みなさん合成の撮影の時に戸惑うんですよね。そのシ

※17
ニュートン魂
ゴースト眼魂の1つ、ニュートンゴースト眼魂を装填して仮面ライダーゴーストが変身する形態の1つ。ゴエモン魂、ムサシ魂、ビリー・ザ・キッド魂も同様。

※18
西銘　駿
俳優。1998年生まれ。天空寺タケルを演じる。代表作はドラマ『リケ恋～理系が恋に落ちたので証明してみた。～』(2018年)、『Re:フォロワー』(2019年)など。舞台多数。

ステムや手はず、効果などについてを理解するのには、それなりに時間がかかります。ストップチェンジで、仮面ライダーと入れ替わることについてもそうですね。西銘の場合は、普段は仲間以外からは見えない存在だという、さらに特殊な立場のキャラでしたから。見えているような、見えていないような、不思議な立ち位置だったんです。ですから合成も多いし、演技のうえでも通常の主人公より難しかったんです。そんなタケルの仲間の御成を演じていた柳[19](喬之)は、本当に面白い人でした。アドリブをたくさん隠し持っているタイプで、『ゴースト』という番組のドラマの少なからずは、柳が持っていっちゃいましたね。丸坊主のキャラクターなのに携帯に出るときに髪の毛を分けて耳に当てる動きをしたり、ちょくちょく狙ってくる。柳はそれ以前にも、テレビドラマや映画にけっこう出演しているため場数を踏んでいて、番組の設定どおりではあるんですが、レギュラーメンバーを引っ張るムードメーカーでしたね。

それで、僕も、柳のアドリブに乗っかりたくなるんですよ。御成とアカリが喧嘩をしていて、見えていないんだけど2人の間にゴーストが立っているという芝居があって。そんなときも、柳は自分の引き出しからいろいろなネタを引っ張り出してくるんです。それで、見えていないゴーストが御成のネタに反応してアドリブをします。ここで難しいのは、場のじゃまをしない程度に乗っかることなんです。我慢して控え気味にしておかないと、ゴーストが西銘ではなく高岩になってしまいます。とはいえ、やりたくなるんで、けっこうやってしまってはいたんですけどね(笑)。仙人の役の時の竹中[20](直人)さんも、見えていない存在ですからね、やはり御成やアカリから見えていないという時は、ちょいちょい現場の笑いを取りに来られま

※19
柳　喬之
俳優・ファッションモデル。1990年生まれ。御成を演じる。2018年よりニューヨークを拠点にモデルとして活動中。

※20
竹中直人
俳優。1956年生まれ。仙人を演じる。代表作は映画『完全なる飼育』シリーズ(1999年～2020年公開)、NHK大河ドラマ『秀吉』(1996年)など多数。監督映画作品、CDリリースも多数。

す。で、それを見て笑いをこらえる2人が微笑ましく。そうしていると、そのうち、「竹中さん、やめましょうか」って監督から声がかかる（笑）。竹中さんは柳以上に引き出しをお持ちですから、アドリブが本当に多い。みんなが真面目な顔をして真剣な会話をしているのに、いきなりおならをしてみたり、身を挺していろいろと振ってくる。竹中さんは、まさに自由でしたよ（笑）。冬の映画[※21]で、竹中さんと鶴太郎さんの掛け合いのシーンがありました。そこは、カメラを3台かな、同時に回して、長回しのワンカットをセリフお任せで撮影したんだそうです。これがまたお2人の引き出しの較べ合いというか、芸のぶつけ合いになって、永遠に続くのかという様子だったそうです（笑）。その場にいたスタッフは全員、「俺、これにお金出してもいいや」というくらい楽しかったって聞いていますよ。

ジャイロにキャスティングされて

顔出しの眼魔の幹部、やらせていただきました（笑）。アラン[※22]様の教育係でしたっけ、ジャイロという役です。あのお話をいただいた時、まず事務所から意思確認があったとか、業務命令があったとか、そういう事務的なことはまったくありませんでした。上堀内[※23]（佳寿也）がまだチーフ助監督で、ある日、たまたま現場で電話をしている上堀の近くで、一服していたんです。すると、上堀が電話をしながら僕の顔をじーと見ているんですよ。それで聞き耳を立ててみると、「ええ、そうです。高岩さんの足のサイズは、26半です。はい……」というような会

※21
冬の映画
映画『仮面ライダー×仮面ライダー ゴースト＆ドライブ 超MOVIE大戦ジェネシス』（2015年12月12日公開）。監督・金田治。ロイミュード殲滅から３か月。仮面ライダーゴーストとドライブは敵対、さらに10年前の世界にタイムスリップしてしまう。

※22
アラン
仮面ライダーネクロムに変身する、眼魔世界の人間（演・磯村勇斗）。

話の内容で。それで、上堀[※23]に「なにかあるの？」って聞いたら、「え、なにも聞いていませんか？　顔出しですよ」ということで、なんと、その時、初めて役があることを知ったんです（笑）。その数日後に撮影所で衣装合わせがあって、そこで設定などを簡単に聞きました。

その頃になるとアクションにかなりのやりがいを感じていたし、顔出しで演技をする部分については「もういいや」という境地にも達していました。ですから、ジャイロの依頼は、内心「えええ！」であり、「マジか？」だったんです（笑）。「年齢も年齢だから」とか、いろいろと複雑な感情が交錯していたんですけど、せっかく希望していただけたので、演らせていただくことになりました。最初は、1回か2回の登場だからともいわれていたので、「それくらいならいいか」ということでもありましたね。それで、初登場は渡辺監督の回[※24]でした。渡辺監督は、「高岩成二というものを、もったいぶって撮ってみたい」とおっしゃっていました。それで、まずは足を撮影してから手を撮影し、次は後ろ姿を撮るといった感じでカットを押さえていき、嫌らしく引っ張る引っ張る。「まだ顔、見せません」「まだです」「まだです」……、「いや、もういいですよ」で、顔を見せてしゃべる。久しぶりに顔出しのセリフですからね、なんかムチャクチャ緊張してしまいました（笑）。

ジャイロは、自分が育てたアランが裏切ったため制裁する役でしたけど、思ったほどアクションの分量はありませんでした。案外とアランと戦うシチュエーションは少なくて、芝居が多かったですね。でも、その後の坂本浩一監督[※25]のエピソードでは、西銘とけっこうガッツリと対決しています。西銘を投げ飛ばしたりとか、いろいろとやりましたけど、坂本監督なのでア

※24
渡辺監督の回
第31話「奇妙！ガンマイザーの力」（2016年5月15日放送）。

※23
上堀内佳寿也
監督。1986年生まれ。『仮面ライダーエグゼイド』（2016年～2017年）で監督デビュー。以後の仮面ライダーシリーズや『騎士竜戦隊リュウソウジャー』（2019年～2020年）で多くの監督を務める。

クションシーンが多かったのかもしれませんね。でも、顔出しでのキャスティングは『ビーファイターカブト』以来ですからね。だいぶ遠ざかっていたので、素顔の演技が妙に気恥ずかしかったんです。結局、最終回までにジャイロは6回くらい登場しちゃっていますし(笑)。なんか、テレもあったんでしょうね。ジャイロは眼魔ウルティマ[※26]に変身しますけど、あれも自分でやっているんですよ。でも、アフレコがうまくいきませんでした。顔出しの部分は同録でやっていて、眼魔ウルティマの部分がアフレコです。アフレコはおそらくフリオ以来、本当に久しぶりで、自分がキャラクターを演じているクセにうまくそこにセリフを当てられない。アフレコスタジオに集まったメンバーのなかでいちばん先輩なのに、アフレコ作業にすごく時間がかかってしまったんです。「やべぇ、勝手がわからないや」ってなってしまい(笑)。

ゲームっぽいアクション

仮面ライダーエグゼイド[※27]はゲームのヒーローですので、ドラマ内容はともかく、見えざまはゴーストよりもだいぶ明るい感じでした。蛍光色でしたしね。キャラクターデザインも、ゴーストに続いて思いっきり変化球でしたし。そんなこんなで、その動きも明るめ方向ですよね。僕はゲームをやらないので、ゲーム的な詳しいニュアンスはわかりませんが、スタッフやウチの若手はゲームに通じているようでした。ですから、彼らの様子を見てゲーム的な考証はヨシとしていた感じですね。ワイヤーワークをうまく利用してアクションゲーム的な動きをするこ

※25
坂本浩一監督のエピソード
第38話「復活！英雄の魂」(2016年７月３日放送)。

※26
眼魔ウルティマ
眼魔世界でも一部の人だけが変身できる、強い力を持つ眼魔。

※27
仮面ライダーエグゼイド
2016年10月２日～2017年８月27日、テレビ朝日系で放送された。同名番組の主人公。天才ゲーマーにして研修医の宝生永夢がゲーム病をおこすバグスターを倒すために仮面ライダーエグゼイドに変身、仲間とともに戦う。仮面ライダーシリーズ作品。

とは、けっこう大変でしたね。空中にいくつもブロックがあって、そこをひょいひょいと跳んで伝うとか、あえて既視感のあるゲームの動きを再現するというイメージで、いろいろとやっています。戦いも、おもいっきりゲームっぽくしなくちゃいけませんでした。ジャンプをしても、そのまま着地とかはしないで宙に浮いたまま敵を蹴り、次の瞬間に空中でクルッと回って蹴って、また回転して蹴る。2次元の動きを3次元で再現し、それを人間でやる。ワイヤーの動きと組み合わせるとどうなるのか練習し、何回もシミュレーションをして、根気よく1つ1つの場面を仕上げていったんです。手間はかかるし、しんどいし。

　よかった点はまず、スーツが動きやすかったことです。ベルトはかなり大きいのですが、コスチュームに余計な装飾がなかったので、フットワークが軽い仮面ライダーになりました。その大きなベルトには、今度はガシャット[※28]をセットします。この時は、入れる穴が大きかったので、割合と作業がスムーズにできて手間はかかりませんでした。ゴーストが使っていたゴースト眼魂(アイコン)は丸いこともあって、ベルトにスムーズに入れることが難しかったんです。きれいにセットできないと、ベルトのカバーがスライドできないので、そこに苦労していました。そう考えると、ガシャットは挿せばいいだけですから、エグゼイドのベルト周りの手順は、近年では最もシンプルだったかもしれません。

　主人公の宝生永夢(ほうじょうえむ)には二面性があって、変身後は天才ゲーマーという要素が前面に出るキャラクターでした。ですから、エグゼイドが戦うときは、ゲーム感覚をベースにした超人的な身体能力を発現させるイメージですよね。なので、どこかに楽しんでいる空気感を漂わせること

※28
ガシャット
ライダーガシャット。仮面ライダーへの変身や、レベルアップに使う、ゲームカセット型のアイテム。

※29
ブレイブ
仮面ライダーブレイブ。天才外科医の鏡飛彩が変身する、騎士風のライダー。

は、常に意識しています。戦いを楽しむということではなく、自分のスペックの高さを楽しみ、スペックを上げることを楽しむといったところですかね。そういう意味では、戦い方の表現はしやすかった仮面ライダーです。あと、一緒にいることが多かったナベのブレイブ[※29]はクール系のライダーで、永徳のスナイプ[※30]はワイルド系だったので、エグゼイドにはあえてすっとぼけた面を加えることなどもできて、キャラに色をつけやすかった。ブレイブとスナイプの変身前を演じた2人が、自分たちの色をきっちり出してくれていたので、やりやすかったんです。

敵がカッコいいと悔しい

上堀がここで、監督に昇進したんでしたっけ。この時はまだチーフ助監督的な役割も並行してやっていましたけど、監督としての仕事ぶりは明確さを伴っていて、気持ちのいいタイプですね。たとえばそのアクション設計においても、造形の都合などでその動きが無理なことがわかると「じゃあ、変えましょう。こうします」となり、切り替えがすごく早い。通常、現場をスムーズに進めるのはチーフの仕事なんですけど、上堀の場合は監督が現場をスムーズに回すことになるんです。性格がちゃきちゃきなんで、待っていられないんですよ。常に、現場を進めていたいという欲求は強いですね。ただ、芝居については容赦がありませんよ。僕ら、アクションのプレーヤーにも水準の高いお芝居を要求してきますからね。表現が見えてこないと、何度でもやり直しますからね。ぼくは、「もしや、プチ石田では？」と思っています。レギュ

※30
スナイプ
仮面ライダースナイプ。闇医者の花家大我が変身する、射撃を得意とするライダー。

※31
夏の劇場版
映画『劇場版 仮面ライダーエグゼイド トゥルー・エンディング』(2017年8月5日公開)。監督・中澤祥次郎。「謎の忍者集団によって新種のバグスターウイルスのパンデミックが発生。仲間とともに陰謀を暴こうとする永夢は、新たな戦いに挑む。

※32
白い忍者
南雲影成＝仮面ライダー風魔(演・堂珍嘉邦)。

ラーの俳優陣にも、その時のセリフの意味をちゃんと説明して把握させるし、泣きのシーンだったら、俳優が本当に泣くまでいつまでも待っている。頑固ということではなく、こだわるべき部分ではこだわる。ここいちばんでは、高いレベルを要求するということなんですね。

敵のキャラクターは、装飾が多めの怪人形態も登場しましたけど、『エグゼイド』はシンプルな形状のヒーロー系の悪役が多く、物語においても彼らの比重が重かったですよね。ちょっと嫌らしいかもしれませんけど、自分のキャラクターが子供たちにどのくらい人気があるんだろうということは、やはり気になるんです。ですから、ヒーロータイプの敵が登場すると、それに負けまいと思っている僕や永徳、ナベがいる。やっぱり、そういうキャラクターを目の前にすると、「なんだよ、カッケーな」とは思うんですね。[※31]夏の劇場版の時、浅井が白い[※32]忍者の仮面ライダーをやっていました。あれはデザインがカッコよくて、漂うヒール感がそのカッコよさをさらに増幅させている。それなのに、こっちはなぜか寸胴の[※33]LV．99のことが多くて、「どう見ても浅井のほうが主役じゃんか」って、若干うらやましかった（笑）。

ロボコンみたいなスタイルをしているLV．1[※34]は、新しい試みというか、新しい発想のキャラでしたね。カブトで言うところの、マスクドフォームからライダーフォームへのスパートと同じニュアンスで置かれた形態だとは思います。ある種の、スイッチでもありますよね。そのLV．1は、小柄な[※35]藤田（慧）が担当しているんですが、藤田はあの格好でアクロバットをやるんですよ。宙返りとかも、軽々とやっています。よくやるなと感心したもんですよ。あの頭身のキャラクターがちょこまか動くと、なんか独特の愛くるしさがありますね。その様子は、女

※33
LV.99
マキシマムゲーマーLV.99。エグゼイドがマキシマムマイティXガシャットで変身する強化形態。

※34
LV.1
エグゼイドたちが変身した最初の状態。

性スタッフに大いに受けていましたよ。「可愛い〜」って。なんか、それはそれで悔しかったですね(笑)。『エグゼイド』という番組は、このようなモード違いを含めるとかなり登場するキャラが多かったので、ウチの若手にも頑張れる場を提供できたんです。あと、一部のLV.1と仮面ライダーポッピー※36を内川(仁朗)※37が担当しています。内川はその時、現場へ出て7〜8年くらいだったのでそろそろ中堅というところでした。でも、すごく小柄なので、兵隊とか怪人が多くて、なかなか活躍ができなかったんです。それが女性ライダーだけど抜擢されて、すごく張り切っていました。まさに体当たりのアクションで、すごかったですよ。そんな内川や藤田の様子を見て「頑張れ」と思いつつ、こういう感じで新しい人材にチャンスを与えられる場が、もっと増えればいいなということを考えるようになりました。

※35
藤田　慧
スーツアクター。1987年生まれ。仮面ライダーバルキリー、仮面ライダー剣斬のスーツアクターを務める。女性怪人などのスーツアクターを多く務めている。

※36
仮面ライダーポッピー
仮野明日那＝ポッピーピポパポが変身する。スピード戦法が得意。

※37
内川仁朗
スーツアクター。1986年生まれ。『仮面ライダーエグゼイド』でブレイブLV.1などのスーツアクターを務める。

第十一章 実験と20作記念

意外と難しいスーツでした

なんか、ここから入ることが多いのですが(笑)、仮面ライダービルド[※1]はフルボトルを使うので、ベルト周りの作業はわりと楽なほうでした。振ってセットするアクションだけで、後は合成の作業でしたからね。そのビルドのスーツの作りは、けっこうシンプル寄りでしたけど、デザインや表面のモールドがスパイラル的に処理されていたじゃないですか。そのため、ドライブほどじゃないんですが、グルグルする違和感はあって、そこになじむのに少々時間が必要になりました。パイロットである第1~2話から、フォームチェンジがすごく多かったですよね。フォームごとにスーツがちゃんと1着ずつ製作されていればいいんですけど、さまざまな要因からそうもいかず、いくつかのパーツを付け替えてチェンジするフォームも多かったんです。そのため、着替えにはかなり時間がかかっていて、そこはしんどかったです。

数式に乗っかって突進して敵を粉砕するという仮面ライダーですので、ブルーバックやグリーンバックでの撮影は、かなり多かったほうだとは思います。スカイウォール[※2]の上で戦った

※1
仮面ライダービルド
2017年９月３日～2018年８月26日、テレビ朝日系で放送された同名の番組の主人公。３つの国に分けられた日本で天才物理学者・桐生戦兎が変身して怪人スマッシュと戦う。新たな仲間たちと出会い、次々と真実を明らかにしていく。仮面ライダーシリーズ作品。

※2
スカイウォール
この世界での日本を分断している、謎の力による巨大な壁。この壁が生まれた事件は「スカイウォールの惨劇」と呼ばれる。

りとか火星の要素とか、SF的な展開も多かったですしね。ビルドのフォームはWのように半分ずつ組み合わされるものでしたけど、左右が有機物と無機物という組み合わせになっていて、さらに忍者要素とか飛行スペックとかが加味されたりしていたので、そのフォームチェンジはWとはずいぶん趣が違うものになっていました。外見がいろいろと変わっても、演じている中の人間が替わるわけではないので、そのフォームがカッコいいのかどうかは、各フォームが使う道具次第みたいなところはありました。要は、僕がそのフォームの武器をどう活かし、カッコよくアピールできるのかということです。そんな使命は帯びているんですが、家電はダメでしたね。掃除機[※3]は、どうにもカッコよく扱えませんでした。アクション的にも、吸い込むか吹き飛ばす以外にやりようがない。そのアクションでは、どうにも魅力的な動きはできないんです。デザインもリアルに掃除機でしたので、現場で普通にゴミを吸い取る動作などもしてみたんですが、当然、採用はされませんでした(笑)。

ビルドは、どのフォームも触角の代わりに目の上が伸びていました。あれってやはり、壊れやすいんです。でも、それを意識したら仕事が進みませんので、壊れやすいことは意識しないようにしていました。壊れたら修理にそれなりの時間がかかりますけど、それはもう、仕方がありません。壊れるときは、戦っている敵のパーツに引っかかって壊れることが多かったですね。あと、左右の目の色が違うということも、意外な伏兵でした。右と左の視界のフィルターの色が違うということは、けっこう心理的な負担なんですよ。心理的というよりは、感覚的ですかね。片目が物を視認しやすい色なのにもう片方の色だと、ほとんどなにも見えないとかい

※3
掃除機
掃除機フルボトルを使うことによって、ビルドの左腕に掃除機状のアイテムが付いた状態。

うこともあるし、そこまでいかなくてもフォームチェンジのたびに左右の色が変わるので、目の感覚がついていかなくなるんです。そのため、距離感の認識に不正確さが出たりしていたんですね。間合いの感覚が実際と違っていて、スマッシュ※4の攻撃がもろに決まっちゃったりとか、たまにやっていました(笑)。

相方との関係性の芝居、そして若手の伸張

桐生戦兎は自分でいうように天才物理学者でしたから、少々、大人の設定になりました。戦兎役の犬飼(貴丈)※5は、実際は22歳くらいだったのかな。2作ほど10代の主人公が続きましたから、その年齢でも大人な感じがしましたね。竹涼もそうでしたけど、主役が20歳を越えていると、こちらが近づいていかなくても普段の会話が自然に成立します(笑)。ですから、演技の擦り合わせなんかもかなりスムーズにいっていて、芝居という面からはやりやすい環境にありました。パイロットの時なんですけど、赤楚(衛二)※6が演じた万丈(龍我)と、ビルドのやり取りの分量がけっこう多かったんです。今後、戦兎のバディになっていく万丈ですから、戦兎と万丈の関係性を膨らませようと勝手に方策を考えました。それで、ちょいちょい万丈をバカにするような感じに芝居を持っていったんです。そのうえで、犬飼に今後は赤楚をたびたびバカ扱いしてほしいと伝えました。主人公が天才なので、そうしたほうが、今後なにかと対比ができて面白いと思ったんですよ。犬飼もそのあたりはすぐに理解してくれて、僕の意図に乗っかっ

※4
スマッシュ
謎の秘密結社ファウストが人体実験により生み出す怪人。

※5
犬飼貴丈
俳優。1994年生まれ。桐生戦兎を演じる。ドラマ『碧の海～LONG SUMMER～』でデビュー。代表作は映画『ぐらんぶる』(2020年公開)、連続テレビ小説『なつぞら』(2019年)。

※6
赤楚衛二
俳優。1994年生まれ。万丈龍我(＝仮面ライダークローズ)を演じる。代表作は映画『思い、思われ、ふり、ふられ』(2020年公開)、ドラマ『30歳まで童貞だと魔法使いになれるらしい』(2020年)など。

てくれました（笑）。

犬飼と赤楚は『ビルド』の前からいくつも現場を踏んでいましたからね、パイロットを経た段階で役柄の方向性はつかんでいたと思います。変身後のビルドとクローズも1年間、ほぼ高岩と永徳が変わらずやっていますので、スーツ同士でも戦兎と万丈の関係性を絶妙に表現できていたんじゃないでしょうか。敵と戦っている最中なのに永徳のお尻を蹴飛ばしたりとか、いい感じで見下していますよね（笑）。でも、そこに愛がある（かもしれない）という空気感は出せているのかなと思っています。永徳も僕の芝居を受けて巧みにキャラを表現するようになっていましたし。

思えば永徳を認識したのは、『仮面ライダー剣』で彼がアンデッド[※7]をやっていた時でした。『555』の時から現場にいたようなんですが、全然覚えていません（笑）。アンデッドと戦った時は、若手らしく勢いだけで突破している感じだったんですけど、芝居という風情が出てきて、永徳という個性がちゃんと見えるようになってきたのは、おそらく『電王』を過ぎるか過ぎないかのあたりです。そして、『ディケイド』でディエンドを演じたあたりで、自信を感じ始めたのかなぁと思っています。ディエンドあたりから演技にきちんと向き合うようになり、演技の引き出しを増やし始めている気がするんですよね。それで、クローズの時期になると、万丈が変身する仮面ライダー像をほぼ自分だけで確立させるようになっています。こちらがくだくだしいことをいわずとも、僕が乗っかれる演技を永徳から用意してくれるようになっていたんです。阿吽（あうん）の呼吸といってもいいのならそんな感じで、こちらがなにかを仕掛けると、

※7
アンデッド
『仮面ライダー剣』に登場する、動植物の祖である不死生命体。

ちゃんと答えてくれるようになりましたからね。

「仮面ライダー」でのナベは、『ウィザード』あたりまでは怪人が多くて、『鎧武』の斬月から仮面ライダーをやるようになりました。『W』の時は、ウェザー・ドーパント[※8]がすごくうまいなと思った記憶があって、怪人でも普通の怪人じゃなく、憎まれ役になると俄然いい感じになる。『ビルド』ではヒゲ（氷室幻徳（ひむろげんとく）[※9]）が変身する仮面ライダーローグですけど、ヒールの要素のあるキャラだとやはりすごくうまいですね。そのことをナベは、自分でも認識しているみたいです。あとはグリスを担当した藤田、トリッキーな動きというか、アクロバットがうまいですからね。本人がそのジャンルを好きで、どんどんやりたいということなんです。技の引き出しは多いタイプで、技巧の引き出しがどんどん増えているみたいですけど、引き出し過ぎて怪我をすることだけは気をつけてほしいですね。近年、若手がキャメラの前に立つケースが増えてきたことに対し、見守るような視線がある自分に気づきます。なんか、精神的にご隠居さんのような立ち位置なんですね（笑）。

JAEの若手の頑張り

頑張っている若手を見ていると、たまに、無理に自分の個性を加えた表現をしようとしているのかなぁと感じることがあります。僕から見ると、その場面の意味に表現がそぐわないと思う場合や、自己アピールが場面に合わないと思うケースはちょくちょくあります。けっして口

※8
ウェザー・ドーパント
『仮面ライダーW』に登場する、井坂深紅郎が変身する怪人。多彩な技の使い手。

※9
氷室幻徳
『仮面ライダービルド』に登場する。仮面ライダーローグに変身する（演・水上剣星）。

には出しませんけど。若手として、その場面に自分の爪痕を残したいという気持ちはわかるんですが、やはりエピソードの内容を理解して、そのシチュエーションに沿った表現には徹し、そのうえで自分の個性を発揮して爪痕を残す。そのあたりのバランス感覚は重要で、そういった要素を見極めることが、大切だと思います。場面に合わないお芝居になっちゃ、意味がないですからね。

そんなアクションパートですが、やはり新しい試みは常にあって、『ビルド』ではナパームを直接キャラクターにぶつけるという描写が試みられるようになったんです。それは、新しい耐火性のジェル剤が開発されたから可能になった表現です。そのジェル剤自体は以前からあって、全身に塗ってからスーツを着てスーツの上から塗ったりしてつかうことがありましたけど、その性能がここにきて飛躍的に高まり、今のものは、試しに肌に塗ってそこに火を近づけてみてもまったく熱くないくらいの質になっているんです。それで、その最新のジェルを活かして炎を使用するアクションのときにナマの迫力を出してみたりしているんですけど、オンエアで観てみると合成の火炎の場面と見分けがつかないことも多く、残念です(笑)。合成技術も日進月歩でレベルが上がっているので、そのあたりとナマの効果との共存が難しいのかなぁとも思いますね。

20作記念のお祭り企画

「平成仮面ライダー」の20作記念が、『仮面ライダージオウ』でした。同じお祭り企画でも『ディケイド』の時とは違い、それまでの仮面ライダーについてはパラレルワールドという解釈ではなく、縦の時間軸により表現することになりました。それで、過去の仮面ライダーとはそれぞれの時間で出会うとか、それぞれの時間から仮面ライダーが来てくれるとか、そんな表現になりました。それで、最初は「ビルドの時間」になります。ビルドの犬飼とはその1ヵ月前には撮影で一緒だったわけで、懐かしいわけがありません(笑)。ただ劇中、ジオウとして犬飼やビルドと並ぶじゃないですか。横並びで芝居をするのは初めてですから、なんか新鮮でしたね。犬飼が横にいて、ジオウが微妙に勘違いをしつつ「勝利の法則は決まった！」って真似るくだり。犬飼も、僕が横にいることがなんか変に感じたのか、「気持ち悪い感覚ですね」なんていう表現をしていました。その後、時間を遡った人物が登場した時も妙な気分はあり、「龍騎編」の須賀のときは、横に並ばれると照れ臭いような感覚に襲われたりしています。

須賀に限らず、ある程度時を経ている過去の出演者との再会は、まず懐かしさが先に立ちました。「ファイズ編」の半田もそうですし、あのエピソードには村上君も出てくれましたから嬉しかったです。「アギト編」の賀集や「カブト編」のガタックの佐藤の時もやはり懐かしく、「プチ同窓会」といえばそうなんですが、それゆえ同時に「年齢を経たな」とはこっそりと思ってしまう(笑)。『ビルド』の冬の劇場版[※10]の時は福士が出演しましたけど、あの時も懐かしかったし、『ジオウ』の冬の劇場版[※11]での佐藤健も『電王』から10年でしたから、これも輪をかけて懐かしかったです。それだけの年月を経たということは、ライダーの後もみんなが活躍

※10
『ビルド』の冬の劇場版
映画『仮面ライダー平成ジェネレーションズ FINAL ビルド＆エグゼイドwithレジェンドライダー』(2017年12月9日公開)。

※11
『ジオウ』の冬の劇場版
映画『平成仮面ライダー20作記念 仮面ライダー平成ジェネレーションズ FOREVER』(2018年12月22日公開)。監督・田﨑竜太。仮面ライダーが大好きな少年、アタルはスーパータイムジャッカーにさらわれてしまう。それに巻き込まれたビルドやジオウたちは驚愕の事実を知る。

を続けていけているということで、その分お芝居がしっかり地についていたり、年齢相応の存在感や貫禄が身についていたりするんですね。みんなに成長が感じられますから、そこがちゃんと「常磐ソウゴの先輩ライダー」である説得力になっている。

西銘は『ゴースト』の時に、「先輩ライダーになりたくない。末っ子でいい」ということを話していました。それが、「ゴースト編」では先輩ライダーですからね。あの時は、僕だけじゃなく、西銘も照れ臭がっていましたよ。

ディケイドの井上正大は、もはやセミレギュラーでしたね（笑）。最初は本人も、1～2話くらいの登場だと思うって話していたんですよ。それが、ジオウをバックアップする男として、何度も登場します。ディエンドの戸谷公人[※12]君も、後半に何回も出てくれていますね。戸谷君は最近、声優のお仕事が多いみたいで、声が渋く出来上がっていてなかなか。このように「仮面ライダー」から巣立った人が帰ってくると、皆が成長しているので、嬉しく感じていました。

親子ほどの年の差

主人公のソウゴを演じた奥野壮[※13]は、僕の長男坊より年下なんですよ（笑）。撮影現場でジオウを演じながら思っていたことは、「これは、キャラを近づけようがないな」ということでした。その反面、時折描かれる50年後の主人公の姿であるオーマジオウ[※14]。顔は隠すんだけど「初老の男」っていう姿見もやり、それが変身してオーマジオウになるわけですけど、やってみる

※12
戸谷公人
俳優。1990年生まれ。海東大樹（＝仮面ライダーディエンド）を演じる。映画『椿三十郎』（2007年公開）でデビュー。舞台に多数出演。

※13
奥野　壮
俳優。2000年生まれ。代表作に映画『私がモテてどうすんだ』（2020年公開）など。

※14
オーマジオウ
「最低最悪の魔王」と呼ばれる、2068年の絶対的な支配者。

とまぁこれがしっくりくるというか。「俺もそろそろ、こういうポジションかな?」っていうことを半ば思ってはいたので、18歳のソウゴより68歳のソウゴのほうが納得できることに「終着点」みたいなものを感じたのは事実ですね。若さを表現することより威厳を表現することのほうが、自分に合ってきていたのかもしれません。

パイロットの時期の18歳のジオウについては、不慣れな感じを出すことに留意しました。第1話は一介の高校生が、成り行きで仮面ライダーになるという流れでしたから、当然そういうイメージでやっています。そんな不慣れ感はちゃんと出ていると思うんですが、オンエアを観ると、どうもソウゴではなかったですね。どうしても、不慣れな高岩にしか見えませんでした。やはり、僕が高校生を演じること自体に、無理があったんじゃないですかね。

奥野本人は、お芝居が初めてだったので、最初は相当緊張していたと思います。セリフの言い回しとか演技の間といったポイントは田﨑監督の指導のままにやっていて、正直「1年間で、どのくらい変わるかな?」と思っていたんですが、奥野はわりあい早い段階でソウゴというキャラクターをつかんだようです。台本のセリフを自分のなかに入れて理解し、解釈のうえで演技を行うようになっていました。セリフ回しや感情表現の手法がナチュラルで、具体的には全然違うんだけど彼には(佐藤)健に近いニュアンスを感じました。とにかく、そちらに振りすぎる感はありますが、ナチュラル感の出し方はすごくうまいと思いますね。親子ほどの年齢差ですから、奥野は僕に対して恐縮していたんですかね。役作りについて「どうしようか?」って、寄り添う感じで擦り合わせていったんですけど、あちらは「お任せします」とい

※15
押田　岳
俳優。1997年生まれ。ドラマ『ぼくは麻理のなか』(2017年)でドラマ初出演、舞台『オサエロ』(2017年)で舞台初出演。

う感じで、硬い。キャメラの外で奥野とざっくばらんに話をできるようになったのは、終盤になる頃でしたね。

[※15](押田)岳君はお芝居の経験が少しあり、ジオウを倒すという固い決意から始まるゲイツという役柄を最初から練っていたようです。ツクヨミの[※16](大幡)しえりは、普段は本当に普通の明るい女の子でした。現場になじんでいて、そこにいることが自然になっていました。自分の出番が終わってもすぐには帰らず、アクションチームと一緒にいておしゃべりしていることが多かったですね。[※17](渡邊)圭祐も、かなり大変だったんです。お芝居はほぼ初めてなのに、いきなり冒頭からストーリーテラーですからね。セリフも長めだから、最初はずいぶん苦戦をしていました。田﨑監督が、セリフ回しや演技において雰囲気を要求されても、なかなかそこに乗っかれない。でも彼も勘がよかったのか慣れるのが早かったほうで、よかったなと思っていたら今度は白ウォズ[※18]が登場するようになり、通常の黒ウォズとの色味の違いに苦労していた。初心者なのに、二役ですからね。この二役の苦労は、変身後を担当した永徳もそうで、黒ウォズの仮面ライダーと白ウォズの仮面ライダーの違いの擦り合わせについては、2人で延々とやっていましたよ。それで、そのあたりが固まってくると、圭祐は普段と違うことができる白ウォズのほうが気に入っていたみたいですね。

モモタロスを久々に演じて

※16
大幡しえり
俳優。1998年生まれ。映画『ひるなかの流星』(2017年公開)でデビュー。代表作はドラマ『未満警察　ミッドナイトランナー』(2020年)など。

※17
渡邊圭祐
俳優。1993年生まれ。代表作はドラマ『恋はつづくよどこまでも』『MIU404』(ともに2020年)、映画『ブレイブ――群青戦記――』(2021年公開)など。

※18
白ウォズ、黒ウォズ
黒ウォズ(白ウォズが出現する前は、ウォズ)は未来からやってきて、ソウゴを「わが魔王」と仰いでいた。一方、白ウォズはゲイツのことを「我が救世主」と呼ぶ。2人を区別するためにソウゴが名づけた。

テレビシリーズで「電王編」があったので、10年ぶりというほどではないですが、久々にモモタロスをやらせてもらいました。全シーンは無理なので、できるところをやらせてもらった感じですね。僕がジオウをやるときはウチの若手がモモを担当しましたが、この時だけは柴﨑監督も僕にモモの演技について聞いてくるんです。「これ、どうしたほうがいいですかね?」って(笑)。それで、僕はそこで独り芝居をする。すると、「じゃあ、それでいきましょう」ってなりました。自分的にも、久々にモモをやってみると、ジオウよりもしっくりすることがわかりましたね(笑)。ただ、イマジンの周りの空気感を若干忘れてしまっていて、忘れるもんなんだと我ながら驚いたんです。4タロスが揃った時、キンタロス役の岡元さんのスケジュールが合わなかったんですが、ウラタロスの永徳とリュウタロスのおぐらはオリジナルでいけ、1日だけ次郎さんも大丈夫だったのかな。それで、次郎さんはそれほどでもなかったんだけど、僕と永徳とおぐらは掛け合いの度合いというか、悪ふざけの深さというか、そんな要素をどのくらいのノリで演じていたのかという部分を忘れていたんです。全員がフワッとしたムードしか覚えておらず、「叩くよ」「あっ、叩くんですね」なんていう具合に手探りで恐る恐るやっているうちに撮影が終わってしまい、永徳、おぐらともども本当に残念な思いをしました。モモが1人で登場するだけなら、好きにやれるんですよ。でも、ほかのイマジンもいるとバランス感が思い出せず、どう弄ればよかったのかが、がぜんわからなくなる。ウラとは喧嘩だし、クマは寝ているだけで、リュウタは場を騒がしくして僕にだけちょっかいを出す。頭ではわかっているんですが、その勢いの程度がわからない。ただ、「東映まんがまつり」の『プリティ電王とうじょう!』っていう映画でモモタロスを演じた時は、『ジオウ』でやった後だったため、ほぼほぼ的確にモモをやることができました。ナオミ役で秋山莉奈[※19]もいて列車のセットも久しぶりにあったので、なんとなく当時の雰囲気を思い出し、役を見失うことはありませんでしたね。ただ、撮影の半分以上は縛られた状態だったので(笑)、思うようには動けなかったんですが。プリティ電王はウチの若手の女の子だったんで、監督に言われてポーズをレクチャーしたりしていますけど、『電王』って、なんかいつでも現場が楽しいんですよね。不思議です。

『ジオウ』は、20年間の「仮面ライダー」を再確認する総力戦といったシリーズでもありましたから、エピソードのテーマごとにかつての監督がやられることも多かったんです。久しぶりに、田村監督もいらっしゃいましたし。そんななかで、杉原(輝昭)[※20]が初めて「仮面ライダー」で監督をやっています。彼は「どんなふうにします?」って細かく聞いてきて、それが腑に落ちると「いいですね、いいですね」っていう感じで、わりと僕を尊重してくれています。でも杉原には監督としての画がきちんとあるはずなので、オーダーがあればそこに乗っかっていく方向でいいものを作っていこうと考えています。杉原は、ここいちばんこだわるところには、とことんこだわるタイプですね。時間がいくら経っても、それこそ日が落ちようが、待つときは待つんです。山口と上堀とこの杉原が若手監督の3兄弟ですが、3人が三様に監督として足が地についてきている感じはちゃんとあって、今後は「スーパー戦隊」を含め、この3人が東映のヒーロー路線を引っ張っていく部分は大きいと思うんですよ。時代も「令和」になりまし

※19
秋山莉奈
俳優。1985年生まれ。代表作は映画『ゴスロリ処刑人』(2010年公開)、ドラマ『仮面ライダーアギト』『24のひとみ』(2007年～2008年)など。写真集多数。

※20
杉原輝昭
監督。1980年生まれ。『動物戦隊ジュウオウジャー』で監督デビュー。以後、スーパー戦隊シリーズ、仮面ライダーシリーズで監督作多数。

※21
『RIDER TIME 仮面ライダー龍騎』
仮面ライダージオウ スピンオフ PART2『RIDER TIME 龍騎』(2019年3月31日ビデオパス配信)。番組終了から16年後の世界での、新たな戦いを描く。

たからね、世代交代なのかとは感じます。助監督時代を知っている3人がディレクターチェアに座って、「スタート！」の掛け声をかけているのを見ると、感慨深いものはありますよ。

ドラマへの出演とバトンタッチ

『ジオウ』と並行して進行した作品に、ネット配信の『RIDER TIME 仮面ライダー龍騎』[※21]がありました。この作品に僕はほとんど関わっておらず、龍騎の役は、完全に中田[※22](裕士)に渡しています。僕の出番は顔出しの1日だけで、柴崎監督の狙いがあって、城戸真司と僕を並べたいということだけで呼ばれているんです(笑)。ですから、それ以上のことはいっさいやっていないんです。オリジナルの『龍騎』キャストのみんなとは、本当に久しぶりでした。『ジオウ』では須賀と1日会っただけでしたから、萩野[※23](崇)君も変わっていなくてビックリしましたね。高野八誠[※24]君は、若干、幸せ体形気味でしたけど(笑)。控え室でも誰が結婚してて、誰がまだ独身だとか、家の子自慢とか、「もうそんな年齢なのか」という話題で盛り上がり、まぁ、普通に同窓会でしたね。

フジテレビのドラマ、『ルパンの娘』[※25]において、2話ほどSPの役をやったのもこの頃なんですけど、あれはたぶん、アクションコーディネイトを担当していたウチの藤井祐伍[※26]のせいなんです。あの番組はレギュラーに瀬戸康史がいたので、藤井はどこかで僕と瀬戸っちを並び立たせたいと思っていたらしく、最後の最後でSPという僕をはめられる役があったため、東映

※22
中田裕士
スーツアクター。1985年生まれ。『手裏剣戦隊ニンニンジャー』のアオニンジャーで初めてメンバーのスーツアクターを務める。『仮面ライダービルド』以降、仮面ライダーシリーズで活躍。

※23
萩野　崇
俳優。1973年生まれ。ドラマ『ルージュの伝言』(1991年)でデビュー。代表作はドラマ『超光戦士シャンゼリオン』(1996年)など。

※24
高野八誠
俳優。1978年生まれ。ドラマ『七色村』(1989年)でデビュー。『ウルトラマンガイア』(1998年〜1999年)で藤宮博也(＝ウルトラマンアグル)役を、映画『仮面ライダー THE FIRST』(2005年公開)で一文字隼人(＝仮面ライダー２号)役を演じた。代表作はドラマ『ケータイ捜査官７』(2008年〜2009年)など。

のスケジュールをうまく縫って藤井が頑張っちゃったんですね(笑)。2話分の撮影で、2~3日のスケジュールだったと思います。護衛役の僕と瀬戸っちの対決シーン、そして深田恭子[※27]さんとのアクションがありました。そこで藤井が狙っていたのは、僕がキバのようにキックをするというもので、アクションの構成にそれを入れていたんですね。事前練習の時に藤井は「脚を上げられるようにしておいてください」って言ってきて僕も「無理です、もう無理です!」って言いつつも、無理くりやったんです(笑)。瀬戸はその時、僕が仮面ライダーから退くことを藤井から聞いていて、「お疲れ様でした」と言ってもらえました。

仮面ライダーから退くことについては、『エグゼイド』の頃から若手にも活躍できる場が与えられるようになってきて、『ビルド』でも若手がキャメラの前に立てる状況が続き、『ジオウ』で僕も50歳ですからね。変身前の人間が10代じゃ「さすがに無理なんじゃないの」っていう想いが自分のなかにあって、その気持ちが固まっての決断でした。決断と表現するほど人生を懸けたかのような重いものではなく、決めたくらいのニュアンスが近いんですけど。「これで最後にしようかな」って思うまでは、意外とすぐでした。「平成仮面ライダー」が20作で、自分も50歳ということで、なにかとキリがよかった。ちょうどそのタイミングで戦隊ロボの日下さんが引退され、野球じゃイチローが引退して、周囲でもいろいろな節目が一気にきたんですね。時代も「令和」に改元したわけだし、こんなにベストなタイミングはないんじゃないかと思うようになりました。

それで、誰に相談するわけでもなく「これが最後」と勝手に決めてしまい、そのことを家族

※25
『ルパンの娘』
原作・横関 大。2019年7月11日~9月26日、フジテレビ系で放送。元警視総監の護衛として高岩成二が出演。2020年には続編が放送された。

※26
藤井祐伍
俳優・スーツアクター・アクション監督。1986年生まれ。仮面ライダーシリーズ、スーパー戦隊シリーズでスーツアクターとして活躍。アクション監督作品に映画『仮面ライダーアマゾンズ THE MOVIE 最後ノ審判』(2018年公開)、DVD『ドライブサーガ 仮面ライダーマッハ／仮面ライダーハート』(2016年11月16日発売)など。

に伝えてから、社長たちに話しに行きました。「ジオウで、特撮系から身を引こうと思います」って。するとその時JAEでは、『仮面ライダーゼロワン』[※28]は縄田(雄哉)でいこうという話が進んでいて、僕には顔出しの仕事をやらせようという方向だったようなんです。担当プロデューサーの大森[※29](敬仁)さんも含めて、ドンピシャなタイミングで、東映さんとも仮面ライダーの代替わりが合致したんですね。それで、金田社長に会って自分の意向を伝えると、向こうもその状況を僕に伝えてくれました。予想外の展開に驚きつつもホッとした想いで「縄田に決まったんでしたら、全然やらせちゃってください」と言い、正直、肩の荷が下りた気持ちだったんです。じつは自分のなかでは、決まっちゃうと「寂しくなるのかな?」と予想していたんですけど、寂しさがまるでなく、とにかく気が楽でした。むしろ、バトンを渡された縄田のほうに「やってやる!」という、若干の緊張があったみたいです。縄田とは『ジオウ』で1年組みましたから、その動きのキレも知っていますし、映像での経験値を埋められれば強いぞと思っていたので、そのあたりのノウハウの獲得を意識することは本人にも伝えておきました。

これで、特撮から離れて顔出し専門なのかと思っていると、大森さんから「いやいやいや、まだやっていただきます」ということで言われたのが、敵の仮面ライダーというオーダーだったんです。特撮から離れる踏ん切りをつけたところだったので、「ちょっとお時間いただけますか?」ということでいったん待っていただき、いろいろと考えたんです。それで、ヒールっていうジャンルもいいんじゃないか。やられる側を表現することも面白いのかなぁって思い直

※27
深田恭子
俳優。1982年生まれ。1997年、ドラマ『海峡』でデビュー。『鬼の棲家』(1999年)でドラマ初主演、映画『死者の学園祭』(2000年公開)で映画初主演。代表作は映画『下妻物語』(2004年公開)、ドラマ『神様、もう少しだけ』(1998年)、『富豪刑事』シリーズ(2005年・2006年)、NHK大河ドラマ『平清盛』(2012年)など。

※28
『仮面ライダーゼロワン』
2019年9月1日～2020年8月30日、テレビ朝日系で放送。飛電インテリジェンスの若き社長・飛電或人は仮面ライダーゼロワンに変身、仲間とともにテロリスト「滅亡迅雷.net」と戦う。仮面ライダーシリーズ作品。

し、「お引き受けします」ってお返事させていただきました。

※29

大森敬仁

プロデューサー。1980年生まれ。『仮面ライダーキバ』でプロデューサーに、『獣電戦隊キョウリュウジャー』でチーフプロデューサーに。ほかのチーフプロデューサー作品に、『仮面ライダーエグゼイド』『仮面ライダービルド』『仮面ライダーゼロワン』など。

仮面ライダーを追求する

高岩成二 Photographic ACT4

「平成」の終盤に向かい、仮面ライダーを追求する日々。とくに意識したわけではないが、モチーフと物語の狭間にあるヒーローの個性を追うことで、高岩の「仮面ライダー」に磨きがかかる。

仮面ライダーモチーフの多面性

2012年

ウィザードの風情に合わせ、ダイエットした高岩。インフィニティースタイルは、さらに鋭角的な印象である。

仮面ライダー
ウィザード
フレイムスタイル

運命を背負う。それが、誰かの希望になるということ。寡黙なキャラクターは幾多あるが、ギリギリで自分を抑え込む冷静さは、情熱と人間力を含む表現が求められる。

2013年

第1話冒頭での乗馬の多くは、竹内康博が担当。高岩は、キャメラの上を飛び越えるシーン。

仮面ライダー鎧武
オレンジアームズ

フルーツのイメージが、重い作品世界の差し色になった鎧武。その和風な鎧はアクション向きとは言い難いが、その条件のなかで、剣劇の太刀筋には気を遣ったという。

カチドキアームズは、背中のカチドキ旗がクセモノ。初登場時、風が強くて辛かったとか。

第40話にて葛葉紘汰が見た悪夢でのビャッコインベスは、紘汰の変身なので、高岩が演じている。

自動車の仮面ライダー

仮面ライダードライブ タイプスピード

ドライブは、バディともいえるトライドロンとの共通コンセプトが、デザイン上の特徴といえる。

スーツとの親和性には、理屈を超えた要素も入り込む。高岩的には、胸部のタイヤがグルグルと感じられてしまい、そこがどうにも馴染みにくかったという。

ドア銃を初使用。玩具の遊びで用意されていた音声、「半ドア」を生かした吉井 怜との小芝居は、高岩の考案であった。

アクション形態の多様化!!

お化けや幽霊ではないが、生きていない(?)ヒーローの誕生(?)。異色ずくめだったが、それだけに思い出深いシリーズとなったこともまた確かなのである。

仮面ライダーゴースト オレ魂

マスクもボディも二重構造という特殊な造形のため、基本的に動きいいはずがない。その制約で、常に演技を工夫。

「ゴースト」なので、イメージを喚起するために初期のアクションにおいては吊りが多用された。けっこう辛いらしい。

二重構造は厚いので、暑い！　さらにジャケット（？）姿のニュートン魂、初登場の撮影は、恐ろしいことに真夏。

ムサシ魂はもちろん二刀流。

歌舞伎の見得は鎧武でも意識した要素だが、かなり抑えていたという。今回は石川五右衛門なので、ストレートに。

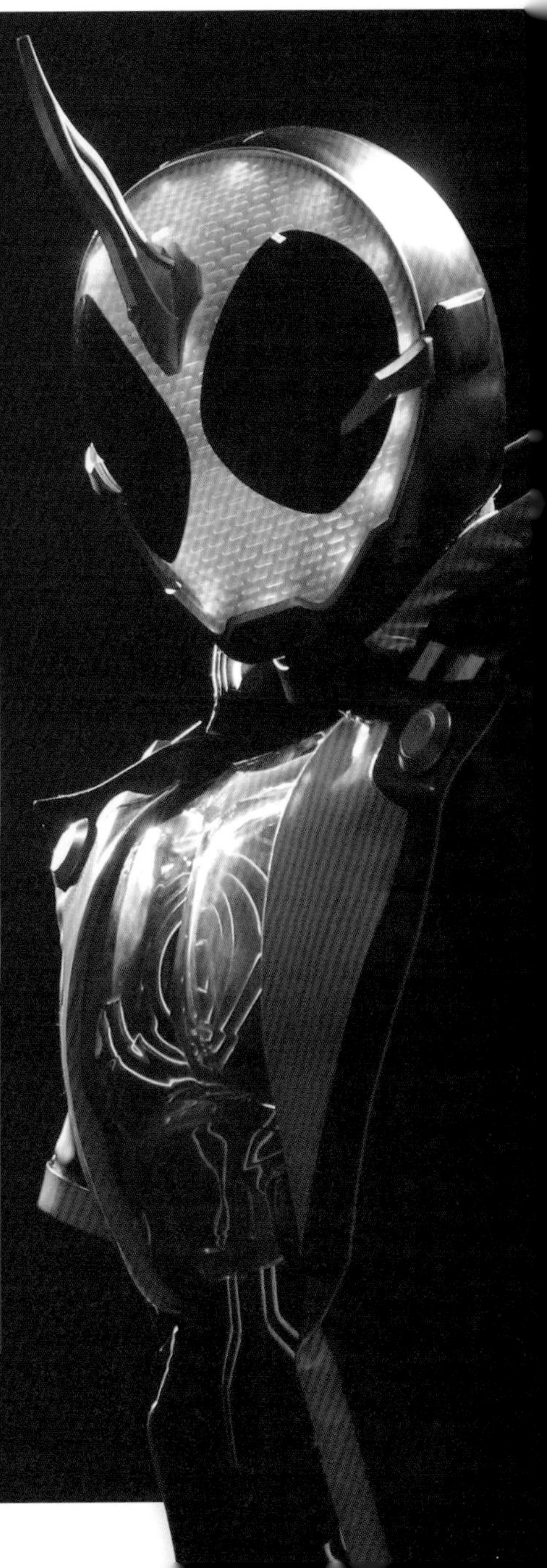

そして眼魔の幹部 ジャイロ

本人が知らないうちにキャスティングが決定していたジャイロは、アランのかつての教育係だけに強い！ 登場シーンは妙に引っ張るカット割りで、それに照れてしまった様子。

お久しぶりです アラン坊ちゃま

眼魔ウルティマ

2人の眼魔スペリオルを引き連れての登場。その戦闘スタイルは上級の眼魔ウルティマで、そちらも高岩が担当。眼魔状態はアフレコとなり、苦労したということだ。

ムゲンの力を使え！
私と戦え!!

第38話は坂本浩一監督ゆえか、変身前での西銘 駿とのアクションが多い。とにかく、タケルを投げる。素面の演技でのアクションは、スーツでのアクションとは違う技能が要求されるようである。

仮面ライダーエグゼイド
アクションゲーマーLV2

2016年

シリーズ後半でその意味が分かる、二面性のある主人公を表現。そのため、どこか楽しむように戦う勢いのいいヒーローを意識したアクションとなっている。

ゲームなので、レベル上げ。戦ってスペックが向上する展開には、馴染むキャラクター属性だといえよう。

ロボコン感のあるLV１は高岩ではなく、巨大な寸胴といった趣のLV99が高岩。動きにくい。

勢いのあるヒーロー!!

ブレイブとスナイプの個性がしっかりしていたため、キャラクターに色をつけやすかったらしい。

演技を設定に活かす

「2017年」

基本、大人の演技でいけるところがやりやすく、その大人の人間関係を意図した演技が、設定にも影響していく。ただ、表面のモールドにより、例のグルグル感覚が。

仮面ライダー ビルド
ラビットタンクフォーム

左右の視界の色が違うという点が珍しい特徴。目の角は壊れやすいが、気にするとキリがないので、あえて無視。

関係性を膨らませるため、万丈を落とすことを意識。フォームでは、家電の表現がちょっと難物だった。

2度目の記念ヒーロー

『仮面ライダーディケイド』から10作目の節目、再びお祭り企画が巡りくる。今度の高岩は、時を巡るヒーローとして縦軸の感覚で過去の「自分」と共演することになる。

仮面ライダージオウ

奥野 壮との年齢差が、かなり大きいと実感。ライダーアーマーを装着した際に、以前のライダーの演技を反映させるといったことは、とくになかったようだ。

過去のライダーの時間をわたるわけだが、各主人公が横に並ぶことには少々違和感があったという。

オーマジオウ

50年後の世界なので、68歳のソウゴということで演じている。確かに、こちらの年齢設定のほうに自然と馴染む。

オーマジオウには、堂々とした風情が似合う。ジオウに対しては、50年の年月という壁を感じさせる演技となった。

2018年

アンチヒーローの強さ!!

仮面ライダー滅

「威風」ではあるが、岡元次郎のそれとは違う「堂々」。どこか脆さを秘めたヒールの強さは、滅に寄り添う人格表現。

意外と気張ることなく主役を辞することを決めた高岩は、『仮面ライダーゼロワン』ではライバルとなる。それは、オーマジオウにも通じる「色気」のキャラであった。

滅の揺れは、物語終盤に最大級の影響を及ぼす。1年間計算していた、滅の変遷が活かされた展開となった。

仮面ライダー滅 アークスコーピオン

ＡＩ的なイメージと人間臭さをどうミックスするかが、滅を演じる難しさであり、面白さでもある。そしてラスト、滅 アークスコーピオンは、人間の部分が勝ることとなった。

現在の高岩成二さんはテレビ・舞台の活動はもちろん、若手の育成にも積極的に取り組んでおります。その一つに奥様が代表を務める「WIDEN」というアクションチームの特別講師をつとめ、熱心に指導にあたられています。

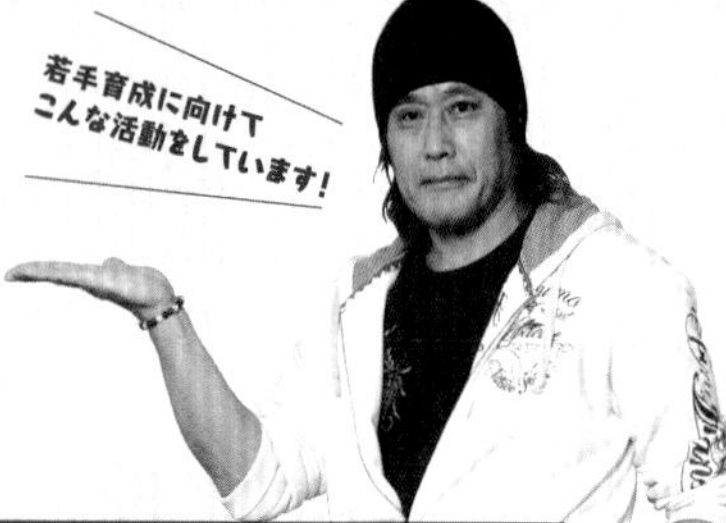

TEAM☆T.A.W(Takaiwa Action Widen)とは

代表 高岩利恵

ジャパンアクションクラブ出身。TV・映画・舞台等、多数のアクションやスタントを担当。

WIDENという言葉は「広げる」という意味です。「自分たちで企画して屋外でショーを演りたい」という思いがきっかけで結成しました。将来はアクション、武術、カンフー、パフォーマーとして多くの経験を積んで総合的なアクションチームを目指しています。応援のほど何卒よろしくお願いいたします。

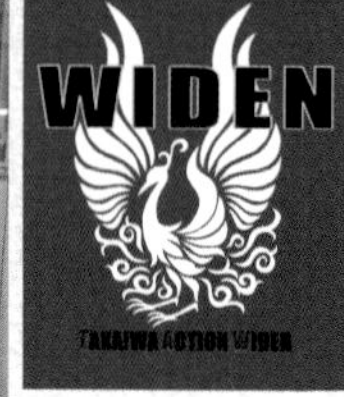

WIDENマーク

メンバーが考えたマークは、「鳳凰」をモチーフに。ホウオウレンジャー+WIDENの広げるというコンセプトで決定。

高岩成二 Twitterアカウント	@seiji_takaiwa
TEAM☆T.A.W ホームページ	https://www.tawiden.com/
TEAM☆T.A.W Twitterアカウント	@kungfuTAW
TEAM☆T.A.W Instagramアカウント	https://www.instagram.com/team_t.a.w.official/

第十二章 仮面ライダーから、育成へ

AIの仮面ライダー

主人公の仮面ライダーを務めていた人間が敵のキャラクターというポジションに回るという流れは、岡元さんの印象が強いかもしれません。たしかに、僕にもそのことは頭のどこかにありました。初の悪役を演じるわけですから楽しみでもありましたけど、次郎さん的な表現と僕の表現はどうしても違ってきます。演者としてのタイプが違いますからね。僕の場合は次郎さんみたいな重圧感のあるタイプではないんだろうなとは思っていました。

滅（ほろび）※1を演じた砂川（すながわ）※2(脩弥（しゅうや）)君も含め、ヒューマギア役の役者は、その設定には悩んだと思います。僕も、当然考えました。でも、ＡＩであり人間ではないというニュアンスが、監督ごとに違うんですよね。僕もみんなも、「まばたきするのかな?」とか「呼吸するのかな?」とかいろいろなことが、ものすごく疑問になるんです。そのへんの解釈は、ＳＦ考証という意味もあれば演出的な観点もありますし、じつにさまざまに考えられますから。仮面ライダー滅は、まばたきは関係ないですけど、肩で息をするとか腹を動かすとか、そのへんの動きが芝居につな

※1
滅
「滅亡迅雷.net」のリーダー。人型ロボット・ヒューマギアで、仮面ライダー滅に変身する。

※2
砂川脩弥
俳優。1994年生まれ。俳優グループ「イケ家！」のメンバー。

がるので、呼吸をするべきかすべきでないのかは、大問題だったんです。それで最初、砂川君の立ち居振る舞いを見て寄せていって確定させようと思ったんです。すると、滅はそんなに動かないキャラクターだった(笑)。落ち着いている役どころなので、走る場面もない。50歳になってようやく、アダルトな雰囲気を強く出していい役柄に巡り合えたんです。それが、仮面ライダー滅のヒール的な造形のきっかけなんですけど、まだ場数を多く踏んでいるわけではない砂川君は、僕に緊張しつつも積極的にコミュニケーションをとってくれましたので、「色気のあるヒールを作り上げよう」という意思統一はしています。ヒールはカッコよくないといけませんから、様になる扱い方について砂川君に指導しました。滅は刀キャラでしたので、刀の刀さばきや見栄えがする抜刀や納刀についても伝授しています。現場で時間に余裕があるときは、彼の持ち味を封じない程度に太刀筋などを教えています。

アクション監督はナベになり、ナベは『ジオウ』でも宮崎さんの代行を時折やっていました。もともとプレーヤーですからね、渡辺も立ち回りを作る側、演出をする側になるといろいろと可能性を試してきました。僕に「こういうこと、できますか?」って、聞いてきたし、キャメラマンの倉田君にも「こういうことやりたいです」とか「こういうことが可能ですか?」という質問をよくしていたし、照明技師さんにもライティングの狙いや希望をしっかりとお願いしていました。かなり勉強はしていて、自分がこれまでやってみたかったという部分も、アクションの演出に盛り込んでくる。それで細かなアクションの字コンテはきちんと事前に提出していて、「Vコン」って言うんですけど、撮影前にアクションの段取りを完全に組み立て、キャメラアングルからなにもかもを決定して本番にかかるというシステムを採用していました。そんなナベと合致した仮面ライダー滅のアクションは、「必要以上に動かない」でした。それで、動かないアクションを追求し、必要なときに一瞬でことを決める。ですから、変身した滅はキックの際にもジャンプをしないんです。

滅ってしばらく人間につかまっていたので[※3]、僕の出番がなかった期間がけっこうありました。で、しばらくぶりに登場した時、(飛電(ひでん))或人(あると)役の高橋(たかはし)(文哉(ふみや))[※4]君が明らかにうまくなっていた。そして、砂川君も顔つきというか、目力がすごく強くなっていました。ちょうど演出でも、彼の目のアップのカットが増えていて、よけいに「砂川も変わったな」ということは実感しましたね。たぶん、監督も砂川君の目を撮りたくなったんじゃないでしょうか。物語が終盤に入ると、滅に心が生じているけれどそれを認めたくない、認めるのが怖いという葛藤がありますけど、このニュアンスのお芝居は砂川君と擦り合わせながらやっています。この終盤の心の揺れを織り込んでも、仮面ライダー滅の動きや演技の方向性は、最初に設計したイメージから大きくブレてはいないと思います。当初の滅は、正体不明という演出でした。ヒューマギアであるということは、伏せられての展開だったんです。でも、あからさまに人間臭さを表現するわけにもいかず、AI表現と人間表現の狭間でちょっと悩んでいました。それで、まずはAI感のほうを前面に出してはいましたけど、あるところから人間臭さをより意識して演じるように切り替えたほうが、AIという設定とのギャップが出ていいんじゃないかとは考えていて、そのタイミングを計っていたんです。それで、終盤になって「このあたりで、人間の雰囲

※3
しばらく人間につかまって
滅は第15話から第24話まで、特務機関A.I.M.S.に拘留されていた。

※4
高橋文哉
俳優。2001年生まれ。ほかの出演作にドラマ『先生を消す方程式。』(2020年)『夢中さ、きみに。』『着飾る恋には理由があって』(ともに2021年)など。

※5
『ゼロワン』の劇場版
映画『劇場版 仮面ライダーゼロワン REAL × TIME』(2020年12月18日公開)。監督・杉原輝昭。謎の男エスが信者とともに、60分で世界を破壊すると宣言して、世界同時多発テロをひきおこす。或人たちは世界を救えるのか?

気をちょっと出していい？」という感じで砂川君と打ち合わせていたんです。そのあたりの呼吸は、砂川君がうまく合わせてくれていたと思っています。

仮面ライダー役を終えて

『ゼロワン』[※5]の劇場版は、コロナ禍の関係で夏の公開の予定が遅れて、冬に公開されることになりました。それで撮影は秋になりましたけど、或人サイドに近づいている滅ですから、表現は自然に変わりましたね。あまり悩まず、人間の仮面ライダーに近い演技になっていると思います。出番は、そんなに多いわけではないんですけど。これまでの夏の劇場版は、テレビシリーズの終盤の撮影時期と被りながら、シリーズの「締め」としても機能していたんですよね。夏の映画をレギュラーのみんなでやり遂げるみたいなイメージがありますので、そのような長年親しんだ段取りで劇場版が進まなかったことは、ちょっと残念ですね。

『ルパンの娘』に続いて、またフジテレビのドラマに呼んでもらいました。『絶対零度』[※6]ですね。この時も2話分出ていますけど、里谷隆一という役名がありました。この番組のプロデューサーさんが、「仮面ライダー」を観ていらしたみたいなんです。アクションコーディネーターが藤井だったこともあり、藤井を通じてキャスティングをしてくださったんです。プロデューサーの意向で、僕とレギュラー陣のなかにいた高杉(真宙)[※7]とのショットが欲しいということで、そのシチュエーションを作るために、最終回では沢村一樹[※8]さんやジャニーズの横山[※9]

※6
『絶対零度』
2010年に始まった、フジテレビ系のドラマシリーズ。ここで触れられているのは、第4シリーズの『絶対零度〜未然犯罪潜入捜査〜』(2020年1月6日〜3月16日)のこと。高岩成二は元・傭兵の里谷役で、「Case.09」「Final Case」に出演した。

※7
高杉真宙
俳優。1996年生まれ。『仮面ライダー鎧武』で呉島光実(＝仮面ライダー龍玄)役、『絶対零度』で篠田浩輝役を演じた。2010年、『半次郎』で映画初出演。『カルテット！』(2012年公開)で映画初主演。代表作に映画『虹色デイズ』(2018年公開)、ドラマ『セトウツミ』(2017年)など。

(裕)さんをボコボコにさせていただきました(笑)。高杉とは『鎧武』以来ですからね、懐かしかったです。その後は、『美食探偵　明智五郎』[※10]という日本テレビのドラマの最終回で、首相のSPをやっていますね。僕らはアクションが絡むことも多いしガタイもいいために、SPの役がけっこう多いんですよ。この時は今井と横山と僕の同期3人が揃って呼んでもらったので、相当手の込んだアクションがあるんだろうなぁと思って行ったんですけど、なんと最後まで、なにもありませんでした(笑)。サクサクと進み、半日と経たないうちに撮影が終了してしまいました。ただこの時期は、コロナ禍の問題もありますから、ソーシャルディスタンスの関係でアクションを大幅に割り引いたという可能性もありますけれど。若い監督さんでしたけど、挨拶にいらっしゃった様子から、僕らのことはご存じみたいでしたから。この時は、外務大臣役で松村雄基[※11]さんがいらして、覚えていないだろうと思って現場で会釈をしたんです。すると、控え室で「お久しぶりです」と声をかけていただいて。松村さんは『さらば電王』での幽汽役に思い入れが強いみたいで、「暑かったですよね」といったお話をして、楽しかったですね。僕はほぼ東映の現場しか知らなかったので、外でやらせていただいた時、東映の作品と関わった俳優さんとお会いできると嬉しいですね。覚えていただいていると、なおさらです。

若い人を応援する

5～6年前から、ワークショップを始めさせていただいています。一般の方を対象にして、

※8
沢村一樹
俳優。1967年生まれ。『絶対零度』で井沢範人役を演じた。代表作はドラマ「浅見光彦シリーズ」(2000年～2012年)、『DOCTORS ～最強の名医～』シリーズ(2011年～)、『刑事ゼロ』(2019年・2020年)など。

※9
横山　裕
歌手・俳優。1981年生まれ。関ジャニ∞メンバー。代表作は映画『エイトレンジャー』シリーズ(2012年・2014年公開)、『破門　ふたりのヤクビョーガミ』(2017年公開)など。

※10
『美食探偵　明智五郎』

原作・東村アキコ。2020年4月12日～6月28日、日本テレビ系で放送。探偵であり美食家の明智五郎は小林　苺とともに犯罪を裏からあやつる「マグダラのマリア」を追い詰めていくが。

アクションに親しんでいただく、楽しんでいただくというコンセプトでやっています。また、アクションを学んでいただくことで、アクション映画とか、「仮面ライダー」や「スーパー戦隊」をご覧になるときなどもアクションを見る目が変わり、また違う楽しみ方ができるんじゃないかなぁということもありますね。そのほかにも、若手の俳優さんとか、モデルさんとか声優さんなどがいらっしゃる例も結構あるんです。演技や体作りなどの一環で学びたいんだけれど、アクションクラブの門を叩くのはさすがに荷が重いとか、そこまではできないという方々がいらっしゃって、そういう場合にビジター的に試せるという気楽さもあって利用していただいているんですね。ワークショップは僕の撮影のスケジュールにより変動はあるんですけど、平均すると月に6~7回ほど開催させていただいています。

嫁の高岩利恵は今、Ｗｉｄｅｎ（ワイデン）という武術パフォーマンスチームの代表を務めています。嫁はかつて、『ダイレンジャー』でホウオウレンジャーをやるために中国武術を習得していまして、それを息子が引き継いでいるんです。なかなかマイナーなので、頑張って少しでも広められればいいなという思いはありますね。このＷｉｄｅｎは、ほぼ高校生が主体のチームで、武術パフォーマンスをメインにしてアクションも指導し、地元のイベントとかお祭りのステージショーなどを請け負って、オリジナルの妖怪のお芝居とアクションパフォーマンスなどの活動もしています。現代アクション、時代劇アクション、武術アクションや、今では演技（お芝居）を勉強していますが、基本的に僕は、指導と演出を担当しています。なかなか、ほかにはないパフォーマンスだとは自負しています。そのほかにも、嫁は毎週日曜日に川越方面でアクショ

※11
松村雄基
俳優。1963年生まれ。ドラマ『生徒諸君！』（1980年～1981年）でデビュー。代表作はドラマ『不良少女と呼ばれて』（1984年）、『スクール☆ウォーズ』シリーズ（1984年・1990年）など。歌手としても活動し、舞台も多数出演している。

ン教室もやっています。そちらは主に子供たちを対象に育成の観点でアクションを指導しているもので、たまに僕も特別講師をやらせていただいています。そのあたりの活動については、僕のＴｗｉｔｔｅｒからブログに飛んでいただいて、そちらで詳細をご覧いただくのがいいかと思います。あと、これはＷｉｄｅｎにくくられるものかは謎ですが、縁の下の力持ち的に『仮面ライダーセイバー』[※12]にも協力していて、渡辺から頼まれ、武術の刀の扱い方ってちょっと特殊なんですけど、それをレクチャーしたりしてもいます。浅井や永徳、中田、藤田たちも、ちょっと変わった刀の使い方を聞きに来たりしているんですよ。

東映のヒーローシリーズから一歩引いた立場になって、「50歳を過ぎた今、なにをやりたいんだろう?」って、考えてみたんです。東映をはじめとする映像の世界に関わり続けてもいたいし、長く携わっていない舞台に機会があれば立ってもみたい。そんな気持ちがあるなかで、Ｗｉｄｅｎをメジャーに押し上げたいなという気持ちも強いですね。まだまだアマチュア的なポジションのチームですからね、所属する子供たちがプロの世界でやっていけるようにもしてあげたいという気持ちもあるし。本人の希望次第ではあるんですが、Ｗｉｄｅｎや僕のワークショップからＪＡＥに入った子は何人かいます。どうしてもスーツアクターになりたいという人なら、いきなりＪＡＥの養成所であたふたするより、ワークショップで基礎の基礎に触れて様子を知ってからいったほうが、たぶん、気持ちも楽だと思うんです。

18歳の時のヒーローショーから始まって、ヒーロー役というものを長くやらせていただき、当時はまさかこの年齢になるまで続けるとは、夢にも思っていませんでした。40歳を過ぎたあ

※12
『仮面ライダーセイバー』
2020年９月６日よりテレビ朝日系で放送。異世界からの侵攻からこの世界を守るために戦うため、仮面ライダーセイバーに変身する神山飛羽真たち、ソードオブロゴスの剣士たちを描く。仮面ライダーシリーズ作品。

たりからですかね。周囲の知り合いから「まだやっているんだ？」みたいな声が、ちょいちょい聞かれるようになってきたんです。でも、楽しかったんですよね。ヒーローだけじゃなく、悪役も楽しかった。スーツアクターって、楽しいんですよ。個人的には、やればやるほど「奥深いな、これ」という想いが強くなってきたんです。諸先輩が作り上げてきたヒーロー像の延長線上に僕がいて、それを引き継いでいる。そして、そんな僕らを観て育った子供たちが、今撮影現場で一緒にやっているなんて、楽しいじゃないですか。僕は顔を出さないので、表情で表現する手段を封じられた役者なんです。そういった意味では、体を使って動きで表現するという、能の世界にも通じる奥深い業種だとも言えます。近年、スーツアクターになりたいという若い人がいて、そのことは嬉しいんですけど、「大変ですよ」っていうことはマジな気持ちで言っておきます。テレビでカッコよくヒーローとして立ち回っている人間はほんの一握りで、全国各地で行われているアトラクションショーのメンバーというコースまでを含んでようやくチャンスがあると言えるくらいの確率だと思います。それでも、「スーツアクターになりたい！」という若い人たちがいれば、それを応援してあげたい気持ちは強いんです。スーツアクターが楽しいということは、身をもって知っておりますので(笑)。

高岩成二的 仕事の年表〈不完全版〉

高岩さんのお仕事を大紹介。とはいっても、網羅するのは不可能です。ここでは、ＪＡＣ時代からのお仕事をほぼほぼ時系列で列挙します！

年	作品	役
1987年	**後楽園ゆうえんち**	アングラー兵、ブラックマスク
	光戦隊マスクマン	補助
	超人機メタルダー	補助
1988年	**後楽園ゆうえんち**	レッドファルコン、ドクター・ケンプ
	はぐれ刑事純情派【テレビ朝日】	吹き替え
	Black JAC公演 マグニチュード愛'88	
	電脳警察サイバーコップ【日本テレビ】	工作員
1989年	**映画 右曲がりのダンディー**	仮面ライダーBLACK RX
	後楽園ゆうえんち	レッドターボ、仮面ライダーBLACK RX
1990年	**後楽園ゆうえんち**	ファイブレッド、シュバリエ
	Black JAC公演 TOKYO家族	
	ビデオ 女バトルコップ	
1991年	**後楽園ゆうえんち**	ラディゲ伯爵、シュバリエ、デコボコブラザース（妹デコ）
	特救指令ソルブレイン【テレビ朝日】	チンピラ（第18話）
	太平記【NHK】	見張り、騎馬武者
1992年	**後楽園ゆうえんち**	トリケラレンジャー、ドラゴンレンジャー
	ビデオ 真・仮面ライダー 序章	財団の兵士
	特捜エクシードラフト【テレビ朝日】	ボディガード（第17話）、宝石強盗（第39話）
	恐竜戦隊ジュウレンジャー【テレビ朝日】	ドラゴンレンジャー
1993年	**後楽園ゆうえんち**	リュウレンジャー、バスケ部員A、阿古丸の部下一号
	炎立つ【NHK】	
	特捜ロボ ジャンパーソン【テレビ朝日】	ジャンパーソン（スタント）、ネオギルド殺人ロボット、ジェフ権藤の配下（第17話）
	ドラマシティー'93 あの頃のあなたへ【日本テレビ】	吹き替え
	映画 特捜ロボ ジャンパーソン	ネオギルド殺人ロボット
	五星戦隊ダイレンジャー【テレビ朝日】	ボクサー（第14話）
	仮面ライダーZO	ドラス
	森蘭丸～戦国を駆け抜けた若獅子～【テレビ東京】	忍者
1994年	**忍者戦隊カクレンジャー【テレビ朝日】**	ニンジャレッド、レッドサルダー、ゴッドサルダー、隠大将軍、ニンジャマン
	映画 忍者戦隊カクレンジャー	ニンジャレッド、バトルサルダー
	3D映画 スーパー戦隊ワールド	ニンジャレッド
1995年	**重甲ビーファイター【テレビ朝日】**	ブルービート（アクション）
	新婚なり!【TBS】	カゲトラの中の人
	映画 重甲ビーファイター	ブルービート（アクション）
1996年	**ビーファイターカブト【テレビ朝日】**	ビーファイターカブト（アクション）、ビーファイターヤンマ、フリオ・リベラ、ビーファイターゲンジ
	ハロー張りネズミ【TBS】	
	土曜ワイド劇場 森村誠一の終着駅シリーズ 人間の十字架【テレビ朝日】	
1997年	**電磁戦隊メガレンジャー【テレビ朝日】**	メガブルー、デルタメガ

1998年	星獣戦隊ギンガマン【テレビ朝日】 ギンガレッド、ギンガレオン、ブルタウラス、ヒロシ(第11話)
	ビデオ 電磁戦隊メガレンジャーVSカーレンジャー メガブルー
1999年	救急戦隊ゴーゴーファイブ【テレビ朝日】 ゴーレッド、グランドライナー、ジルフィーザ、サラマンデス
	雪印ソーセージCM ゴーレッド
	アキレスCM ゴーレッド
	バンダイCM ゴーレッド
	ビデオ 星獣戦隊ギンガマンVSメガレンジャー ギンガレッド、メガブルー、ブルタウラス
	ビデオ 救急戦隊ゴーゴーファイブ 激突!新たなる超戦士 ゴーレッド、ジルフィーザ
2000年	未来戦隊タイムレンジャー【テレビ朝日】 タイムレッド、ブイレックス
	ビデオ 救急戦隊ゴーゴーファイブVSギンガマン タイムレッド、ゴーレッド、サラマンデス、ブルタウラス
	マッハブイロクSP「big」大作戦【フジテレビ】 吹き替え
2001年	仮面ライダーアギト【テレビ朝日】 仮面ライダーアギト、G3-X(津上翔一)
	バンダイCM 仮面ライダーアギト
	ビデオ 未来戦隊タイムレンジャーVSゴーゴーファイブ タイムレッド、ゴーレッド、ブイレックス
	仮面ライダーアギトスペシャル【テレビ朝日】 仮面ライダーアギト
	劇場版 仮面ライダーアギト PROJECT G4 仮面ライダーアギト
	仮面ライダーアギト3大ライダー超決戦ビデオ 仮面ライダーアギト
	光の帝国【NHK】 吹き替え
2002年	仮面ライダー龍騎【テレビ朝日】 仮面ライダー龍騎、ヤクザ
	仮面ライダー龍騎ハイパーバトルビデオ 仮面ライダー龍騎、アギト
	仮面ライダー龍騎スペシャル【テレビ朝日】 仮面ライダー龍騎、ナイト(城戸真司)、リュウガ
	劇場版 仮面ライダー龍騎 EPISODE FINAL 仮面ライダー龍騎、リュウガ
2003年	仮面ライダー555【テレビ朝日】 仮面ライダーファイズ、カイザ(乾 巧)、ウルフオルフェノクほか
	劇場版 仮面ライダー555 パラダイス・ロスト 仮面ライダーファイズ、ウルフオルフェノク、カイザ(啓太郎)
	仮面ライダー555ハイパーバトルビデオ 仮面ライダーファイズ
2004年	仮面ライダー剣【テレビ朝日】 仮面ライダーブレイド、ジョーカー(カリス対戦時)
	劇場版 仮面ライダー剣 MISSING ACE 仮面ライダーブレイド、ビートルアンデッド、スキッドアンデッド、アルビローチ、警備員
	仮面ライダー剣 超バトルビデオ 仮面ライダーブレイド
2005年	魔法戦隊マジレンジャー【テレビ朝日】 マジレッド、マジフェニックス
	劇場版 魔法戦隊マジレンジャー THE MOVIE インフェルシアの花嫁 マジレッド、マジフェニックス
	テレビマガジン全員サービス 魔法戦隊マジレンジャースペシャルDVD 大公開!黄金グリップフォンの超魔法 マジレッド、魁シャイン
2006年	仮面ライダーカブト【テレビ朝日】 仮面ライダーカブト、ダークカブト
	劇場版 仮面ライダーカブト GOD SPEED LOVE 仮面ライダーカブト
	仮面ライダーカブト超バトルDVD 仮面ライダーカブト
	DVD 魔法戦隊マジレンジャーVSデカレンジャー マジレッド
2007年	仮面ライダー電王【テレビ朝日】 仮面ライダー電王、モモタロス
	劇場版 仮面ライダー電王 俺、誕生! 仮面ライダー電王、モモタロス
	映画 モモタロスのなつやすみ モモタロス
	仮面ライダー電王 超バトルDVD 仮面ライダー電王、モモタロス
	岡部警部シリーズ 多摩湖畔殺人事件【フジテレビ】 SP

2008年
仮面ライダーキバ【テレビ朝日】 仮面ライダーキバ、ガルル、ダークキバ
劇場版 仮面ライダー電王&キバ クライマックス刑事 仮面ライダー電王、キバ、モモタロス
ネット版 仮面ライダー裏キバ 魔界城の女王 仮面ライダーキバ
劇場版 仮面ライダーキバ 魔界城の王 仮面ライダーキバ、ガルル、警官
仮面ライダーキバ アドベンチャーバトルDVD 仮面ライダーキバ
劇場版 さらば仮面ライダー電王 ファイナル・カウントダウン 仮面ライダー電王、モモタロス、NEW電王

2009年
仮面ライダーG【テレビ朝日】 仮面ライダーディケイド
仮面ライダーディケイド【テレビ朝日】 仮面ライダーディケイド、モモタロス、電王
PV Gackt 仮面ライダーディケイド
劇場版 超・仮面ライダー電王&ディケイド NEOジェネレーションズ 鬼ヶ島の戦艦 仮面ライダー電王、モモタロス、ディケイド
仮面ライダーディケイド 超アドベンチャーDVD 仮面ライダーディケイド
ネット版 仮面ライダーディケイド オールライダー超スピンオフ 仮面ライダーディケイド、カブト、ライダーマン
劇場版 仮面ライダーディケイド オールライダー対大ショッカー 仮面ライダーディケイド、W、電王、モモタロス、ライダーマン、X、スカイライダーほか
仮面ライダーW【テレビ朝日】 仮面ライダーW、仮面ライダージョーカー
PV 上木彩矢 仮面ライダーW
仮面ライダー×仮面ライダー W&ディケイド MOVIE大戦2010 仮面ライダーW、ディケイド

2010年
仮面ライダー×仮面ライダー×仮面ライダー THE MOVIE 超・電王トリロジー 仮面ライダー電王、モモタロス
仮面ライダーW 超バトルDVD 仮面ライダーW
仮面ライダーW FOREVER AtoZ/運命のガイアメモリ 仮面ライダーW、仮面ライダージョーカー、オーズ
仮面ライダーオーズ/OOO【テレビ朝日】 仮面ライダーオーズ
PV 大黒摩季 仮面ライダーオーズ
仮面ライダー×仮面ライダー オーズ&ダブル feat.スカルMOVIE大戦CORE 仮面ライダーオーズ、W

2011年
海賊戦隊ゴーカイジャー【テレビ朝日】 ニンジャレッド(第1話)
ネット版 オーズ・電王・オールライダー レッツゴー仮面ライダー ~ガチで探せ! 君だけのライダー48~ 仮面ライダーオーズ
オーズ・電王 オールライダー レッツゴー仮面ライダー 仮面ライダーオーズ、電王、モモタロスほか
DVD 仮面ライダーW RETURNS 仮面ライダーW
仮面ライダーオーズ超バトルDVD 仮面ライダーオーズ
PV 仮面ライダーGIRLS 仮面ライダーオーズ
PV 松平 健 仮面ライダーオーズ
ネット版 仮面ライダーオーズ ALLSTAR21の主役とコアメダル 仮面ライダーオーズ、フォーゼ
劇場版 仮面ライダーオーズWONDERFUL 将軍と21のコアメダル 仮面ライダーオーズ、バース(映司)、フォーゼ
仮面ライダーフォーゼ【テレビ朝日】 仮面ライダーフォーゼ
仮面ライダー×仮面ライダー フォーゼ&オーズ MOVIE大戦MEGA MAX 仮面ライダーフォーゼ、オーズ、W、ストロンガー

2012年

ネット版 仮面ライダー×スーパー戦隊 スーパーヒーロー大変 ~犯人はダレだ?!~
仮面ライダーフォーゼ

仮面ライダー×スーパー戦隊 スーパーヒーロー大戦 仮面ライダーフォーゼ、オーズ、モモタロス

ネット版 仮面ライダーフォーゼ みんなで授業キターッ! 仮面ライダーフォーゼ、ウィザード

仮面ライダーフォーゼTHE MOVIE みんなで宇宙キターッ! 仮面ライダーフォーゼ、ウィザード

仮面ライダーウィザード【テレビ朝日】 仮面ライダーウィザード

DVD 仮面ライダーフォーゼ アストロスイッチひみつレポート 仮面ライダーフォーゼ

仮面ライダーフォーゼ超バトルDVD 仮面ライダーフォーゼ

仮面ライダー×仮面ライダー ウィザード&フォーゼ MOVIE大戦アルティメイタム
仮面ライダーウィザード、フォーゼ

2013年

てれびくん超バトルDVD 仮面ライダーウィザード 仮面ライダーウィザード

ネット版 仮面ライダー×スーパー戦隊×宇宙刑事 スーパー戦隊乙!
~Heroo!知恵袋~あなたのお悩み解決します! 仮面ライダーウィザード、フォーゼ

仮面ライダー×スーパー戦隊×宇宙刑事 スーパーヒーロー大戦Z 仮面ライダーウィザード

非公認戦隊アキバレンジャー シーズン痛【BS朝日ほか】 高岩さん

ネット版 仮面ライダーウィザード イン マジか!?ランド 仮面ライダーウィザード

劇場版 仮面ライダーウィザード in Magic Land 仮面ライダーウィザード

映画 シージェッター海斗 特別編 鳴海光真

仮面ライダー鎧武/ガイム【テレビ朝日】 仮面ライダー鎧武、ビャッコインベス(第40話)

仮面ライダー×仮面ライダー 鎧武&ウィザード 天下分け目の戦国MOVIE大合戦
仮面ライダー鎧武、作業員

2014年

劇場版 仮面ライダー鎧武 サッカー大決戦! 黄金の果実争奪杯! 仮面ライダー鎧武

てれびくん超バトルDVD 仮面ライダー鎧武 仮面ライダー鎧武

仮面ライダードライブ【テレビ朝日】 仮面ライダードライブ

PV Mitsuru Matsuoka 仮面ライダードライブ

仮面ライダー×仮面ライダー ドライブ&鎧武 MOVIE大戦フルスロットル
仮面ライダードライブ

DVD 仮面ライダードライブ シークレット・ミッションtype TV-KUN 仮面ライダードライブ

2015年

DVD 仮面ライダードライブ シークレット・ミッションtype HIGH-SPEED
仮面ライダードライブ

Blu-ray 仮面ライダードライブ シークレット・ミッション type TOKUJO 仮面ライダードライブ

手裏剣戦隊ニンニンジャー【テレビ朝日】 ニンジャレッド(忍びの7)

スーパーヒーロー大戦GP 仮面ライダー3号 仮面ライダードライブ

dビデオスペシャル 仮面ライダー4号 仮面ライダードライブ

劇場版 仮面ライダードライブ サプライズ・フューチャー 仮面ライダードライブ

仮面ライダーゴースト【テレビ朝日】 仮面ライダーゴースト、ジャイロ、眼魔ウルティマ

仮面ライダー×仮面ライダー ゴースト&ドライブ 超MOVIE大戦ジェネシス
仮面ライダーゴースト、ドライブ

DVD 仮面ライダーゴースト 一休眼魂争奪!とんち勝負 仮面ライダーゴースト

2016年

てれびくん超バトルDVD 仮面ライダーゴースト 一休入魂!めざめよ!オレのとんち力!!
仮面ライダーゴースト

動物戦隊ジュウオウジャー【テレビ朝日】 仮面ライダーゴースト(第7話)

映画 仮面ライダー1号 仮面ライダーゴースト

WEB 仮面ライダーゴースト 伝説!ライダーの魂! 仮面ライダーゴースト

玩具封入DVD 仮面ライダーゴースト 伝説!ライダーの魂! 仮面ライダーゴースト

DVD ドライブサーガ 仮面ライダーチェイサー 仮面ライダードライブ

てれびくん超バトルDVD 仮面ライダーゴースト 真相!英雄眼魂のひみつ! 仮面ライダーゴースト

劇場版 仮面ライダーゴースト 100の眼魂とゴースト 運命の瞬間 仮面ライダーゴースト、エグゼイド

仮面ライダーエグゼイド【テレビ朝日】 仮面ライダーエグゼイド(LV.1以外)

WEB 仮面ライダーエグゼイド[裏技] ヴァーチャルオペレーションズ 仮面ライダーエグゼイド

仮面ライダー平成ジェネレーションズ Dr.パックマン対エグゼイド&ゴースト withレジェンドライダー 仮面ライダーエグゼイド、ゴースト

2017年

宇宙戦隊キュウレンジャー【テレビ朝日】 仮面ライダーエグゼイド(Space.7)

仮面ライダー×スーパー戦隊 超スーパーヒーロー大戦 仮面ライダーエグゼイド、モモタロス、アカライダー

WEB 仮面ライダーエグゼイド[裏技] 仮面ライダーゲンム 仮面ライダーエグゼイド

WEB 仮面ライダーブレイブ~Surviveせよ! 復活のビーストライダー・スクワッド~ 仮面ライダー王蛇

WEB 仮面戦隊ゴライダー 仮面ライダーエグゼイド

DVD ゴースト RE:BIRTH 仮面ライダースペクター ジャイロ、眼魔スペリオル

てれびくん超バトルDVD 仮面ライダーエグゼイド[裏技] 仮面ライダーレーザー 仮面ライダーエグゼイド

てれびくん超バトルDVD 仮面ライダーエグゼイド[裏技] 仮面ライダーパラドクス 仮面ライダーエグゼイド

劇場版 仮面ライダーエグゼイド トゥルー・エンディング 仮面ライダーエグゼイド

仮面ライダービルド【テレビ朝日】 仮面ライダービルド

仮面ライダー平成ジェネレーションズFINAL ビルド&エグゼイド withレジェンドライダー 仮面ライダービルド、オーズ、フォーゼ、鎧武

2018年

WEB 仮面ライダービルド ハザードレベルを上げる7つのベストマッチ 仮面ライダービルド

てれびくん超バトルDVD 仮面ライダービルド 仮面ライダービルド

劇場版 仮面ライダービルド Be The One 仮面ライダービルド

仮面ライダージオウ【テレビ朝日】 仮面ライダージオウ、オーマジオウ、初老の男、バース、モモタロス、ディケイド(第48話)

平成仮面ライダー20作記念 仮面ライダー平成ジェネレーションズFOREVER 仮面ライダージオウ、電王、モモタロス、クウガ

2019年

WEB 仮面ライダージオウ スピンオフ PART2 RIDER TIME 仮面ライダー龍騎 素顔での登場

ルパンの娘【フジテレビ】 英輔の護衛

てれびくん超バトルDVD 仮面ライダービビビのビビルゲイツ 仮面ライダージオウ

劇場版 仮面ライダージオウ Over Quartzer 仮面ライダージオウ

仮面ライダーゼロワン【テレビ朝日】 仮面ライダー滅、アークゼロ

仮面ライダー 令和 ザ・ファースト・ジェネレーション 仮面ライダージオウ、仮面ライダー滅、仮面ライダー1型

2020年

騎士竜戦隊リュウソウジャー【テレビ朝日】 リュウソウブラック(第45話のマスター)

絶対零度~未然犯罪潜入捜査~【フジテレビ】 里谷隆一

美食探偵 明智五郎【日本テレビ】 首相のSP

映画 仮面ライダー電王 プリティ電王とうじょう! モモタロス

劇場版 仮面ライダーゼロワン REAL×TIME 仮面ライダー滅

2021年

ドゲンジャーズ~ナイスバディ~【九州朝日放送】 銀河新星グレイトZ

ヒーローに個性を与え続けて来た不世出のスーツアクター、高岩成二。

彼はアクションを基礎から地道に、的確に身に付け、様々な技法を経験し、それに俳優の演技を取り込み、咀嚼し、キャラクターを作り上げていくという気の遠くなるような作業を続けて来た。

鏡の中の世界では、左手で武器を扱った『龍騎』。変身前の人間に取り憑くイマジンが変身する仮面ライダーは、誰にも聞けずに難しかった『電王』。それこそ数え切れないアクションと俳優の演技や癖を盗み、融合させることに腐心し、今がある。

1994年、私が担当した『忍者戦隊カクレンジャー』のニンジャレッドで主人公デビューし、ショーの些か粗かったアクションから始まった若きスーツアクターは、飽くなき挑戦を続け、輝くヒーローを作り上げた。

今だから彼は言う。「スーツアクターは楽しい。やればやるほど奥深い」と。

鈴木武幸

鈴木武幸 Takeyuki Suzuki

1945年1月26日、東京都生まれ。『がんばれ!!ロボコン』『サイボーグ009』、『太陽戦隊サンバルカン』から『五星戦隊ダイレンジャー』までのスーパー戦隊シリーズほか、多くのテレビシリーズ、アニメーション、映画をプロデュース。

以降、専務取締役等を歴任。2018年、東映を退社。

「変身とは何か」――

誰もが頭を悩ませてきた永遠の課題。

Aさんがヒーローに変身する。変わらなければ意味がない。でも変わったらAさんの意味がない。

そのジレンマに風穴を開けたのが、高岩成二である。

ヒーローでありつつ、「A」というキャラクターをつくりあげる。その作業に本格的に取り組んだのは、彼が史上初だった。

とくに彼なくしてはありえなかったのは『仮面ライダーディケイド』。

企画書には「高岩成二オン・ステージ」と書いた。

「変身とは何か」――その答えが、高岩成二を通じてなら見つかると信じて。わかったのは、変身が「身」である前に「心」であるということ。ヒーローである前に人間であるということ。

心でアクションする高岩成二。

彼は真田広之に憧れてアクション業界に入ったという。いま、若手は高岩成二に憧れて入ってくる。

その「心」がつながれば、未来は明るい。

白倉伸一郎

白倉伸一郎 Shin-ichiro Shirakura

1965年8月、東京都生まれ。『仮面ライダーアギト』『仮面ライダー電王』などの平成仮面ライダーシリーズほか、多くのテレビシリーズ、映画をプロデュース。『機界戦隊ゼンカイジャー』のプロデューサーも務める。

現・東映株式会社取締役（テレビ第二営業部長 兼 経営戦略部ハイテク大使館担当）。

高岩成二　Seiji Takaiwa

1968年11月3日生まれ。ジャパン・アクション・クラブ16期生として養成所に入所。ヒーローショーのキャラクターアクション、ヒーロードラマのキャラクターアクションを経て、1994年に『忍者戦隊カクレンジャー』で初めての主人公ヒーローを演じる。以降、数多くのヒーローを演じ、現在は後進の育成に軸足を移しつつある。現在、JAE所属。

時は今――　歩み続けるその先へ

ACTion　高岩成二

2021年6月29日　第1刷発行

著者　高岩成二　

発行者　鈴木章一

発行所　株式会社　講談社　〒112-8001 東京都文京区音羽2-12-21

電話　出版(03)5395-3491　販売(03)5395-3625
業務(03)5395-3603

インタビュー・構成・編集　岩畠寿明・小野浩一郎(エープロダクション)

インタビュー補助　田中貴之

デザイン　原口雅之[AD]・宇田隼人[装丁]・石野春加・村山由紀・吉川層通(DAI-ART PLANNING)

写真　大島康嗣・杉山勝巳

ポートレート撮影　神谷美寛

監修　石森プロ・東映株式会社・株式会社 ジャパンアクションエンタープライズ・TEAM☆T.A.W

本文データ制作　講談社デジタル製作

印刷　図書印刷株式会社

製本　図書印刷株式会社

ISBN 978-4-06-516763-2　N.D.C.778.2 225p 18cm

定価はカバーに表示してあります。